省道

台一線的故事

二十世紀人類社會經歷了空前的變化，世界的每一個角落，在這一百年當中完成的改變規模之大，都幾乎凌駕前此久遠之歷史時期的總和。一個二十一世紀初年的人，真很不容易跳躍過這個人類史上最激烈變動的一百年，去想像十九世紀的景象。就舉「交通」的例子來說吧。二十世紀初，萊特兄弟飛上天不到一分鐘，被視為是人類史上的壯舉，但是如今人類已經可以做長達十數小時的跨洋洲際飛行，而且可以飛往其他星球探險，其間之差異真是無法以「道里」計，實不啻「霄壤」。十九世紀的人，也當然無法想像如今全球性的網路交通之無遠弗屆了。

　　如果我們將焦點收斂到台灣來看，這一百年來的變化也一樣會令人瞠目。日本殖民時代幾乎正是二十世紀的前半世紀，因此二十世紀這些全球性的改變之啟動，很多是發生在日本時代。我們仍然可以用交通來當作例子看。一八九五年台灣的交通設施狀況，可以用日本人來台時說的一句話來形容：「台灣沒有可稱為道路的道路」。接著，日本人在台灣建築道路與鐵路。一九〇八年從基隆到高雄的縱貫鐵路通車，同時期日本的製糖會社也在其原料區鋪設小火車軌道，台灣人或是日本人則在各地開設輕便鐵路公司，使台灣的西部交通有了完全不同的相貌。這些交通設施的完成，不但得以藉此「貨暢其流」，使台灣西部可以形成一個以有易無的市場圈，而且改變、增大人們的活動範圍。這種更加頻繁的人與物的往來，對於造成一個整合的台灣有重大的貢獻。

　　台灣歷史研究的園地，近年來有不少新秀加入，這些年輕研究者的基本訓練，不再侷限於傳統文學院，他們或許有社會科學的背景，甚至來自理工科系，他們經常有異於往常的問題關心，而且也經常有更寬廣的視野。本書的作者黃智偉便是一個來自工學院的高材生，他雖然以不錯的成績畢業於台大電機系，但卻

進入歷史研究所跟我讀台灣史，他非常認真地博覽史料，而且能夠以其理工科背景的人所慣有的科學精神來解讀史料，甚至親臨史料所描寫的現場去勘察，因此總能在看似平常的史料中做出新的解釋，並且描繪出立體的歷史像。

　　在這本書中，作者不但重建了清代的「官道」路線，而且考證了沿線聚落、河川的變遷，可算是一種歷史地理的研究；另外，作者也說明了在這條「官道」上來往流通的人與物，將清帝國的台灣統治中幾個重要的問題，如「對熟番的征役」、「文報的遞送與貨運」都做了細緻而有趣的描寫，因此也可視為是具體的政治史作品；當然，讀者也不難在字裡行間看到作者運用史料的嫻熟與精鍊。本書以一條「官道」為題，同時多面向地呈現了如此豐富的清代台灣歷史之舞台與事象，當然值得我這個當老師的寫一篇序來向讀者們推薦。

台灣大學歷史學系兼任教授

吳密察

2002.3

作者序

　　提起「縱貫線」，大部分人都耳熟能詳，但是要說出她精確的意涵，卻不那麼容易。如果要追究她的由來，恐怕就更撲朔迷離了。

　　一般人首先聯想到的，多半是「交通」上的縱貫線。不過，交通上的縱貫線是指鐵路還是公路呢？如果是鐵路，當然很精確，因為在高速鐵路完工前，西部也只有那麼一條「縱貫鐵路」。如果指的是公路就比較麻煩了——到底是指高速公路，還是台一線省道呢？除了交通上的縱貫線之外，其實還有「電力」的縱貫線、「通訊」的縱貫線，甚至還有「派系」及「黑道」的縱貫線呢！

　　不管鐵道、省道，還是黑道，在一般人的認知裡，的確存在一個「縱貫線」的觀念。這個觀念既熟悉又模糊，或許知道個大概，卻始終弄不清究竟。其實，不管是能源、通訊或者政治上的縱貫線，都是從交通上的縱貫線衍生出來的。而交通上的縱貫線，不管是公路還是鐵路，都源於清代的一條縱貫官道。這條清代的「縱貫道」，正是本書的主題！

　　翻遍清代所有的史料，恐怕找不到「縱貫道」這三個字，事實上筆者是借用一九二〇年代才正式定名的「縱貫道」一詞，充作清代的稱呼。在清代，「縱貫道」還沒有「名字」，只有一些不確定的「稱呼」，例如「南北大路」、「南北必由之路」，或者根本只泛稱為「大路」。這條路雖然沒有響亮的名字，但她卻切切實實地主導了台灣西部的交通路線和都市發展，其影響直到二十一世紀還深深地刻畫在台灣的地表上，難以抹滅！

　　這麼重要的一條官道，在史料中找不到她的「名字」，並不是她「事實上」不存在，而是因為她「觀念上」不存在。清代「縱貫道」之所以沒有名字，是因為當時的人並沒有把她視為「一條」道路。其實「路」這種東西，不同時代的人，基於不同的需求和觀念，會自行「截取」或「合併」某些區段，作為一個獨立的單元來

「認識」和「命名」。因為觀念的不同，就會有不同的名字出現。清代史料中找不到「縱貫道」，根本原因是當時人的「認識」和「觀念」和今人不同，並非她不存在。由於「縱貫道」這個詞彙，以及她所引伸出來的觀念，到今天已經為一般人所接受。所以我們導入「縱貫道」這個觀念，在認識清代的台灣上，等於開了一個便利法門。

歷史學界雖然早就有「交通史」這個領域，但是以往所謂的「交通史」，大部分談的是文化的交流。當然，廣義的「交通」，是指人員、物資、訊息等在空間中的位移現象，透過這些物質的傳播，文化或文明才得以交流。不過，所謂「文化的交流」畢竟抽象，且常常流於空泛，倒是人群和貨物的交流，才能具體呈現歷史的風貌。

就台灣的交通史而言，學界似乎著墨不多。除了零星的海運交通（與中國大陸之間）研究外，台灣島內的水、陸運輸幾乎是一片空白。即使乘著近十年來興起的一股「台灣熱」浪潮，絕大部分的研究都還集中在政治和產業的議題上。

造成以上偏頗的原因，部分是源於技術上的困難。首先，交通必然發生「空間移動」的事實，因此對於歷史上的空間，必須先描繪出大概的輪廓。然而過去的山川、聚落，和今天可能有極大的差異。許多史料上提到的山名，今天不知其所指為何；所提到的河川，今天早已改道遷徙。台灣自開闢以來，不過數百年，雖還不至於發生高岸為壑、深谷為陵的巨變，但是西南海岸複雜的海岸線和潟湖地形，以及河川放肆地奔騰漫流，都使得地形、地貌變化瀕仍。加上持續進行的移民拓墾、時而爆發的械鬥戰亂，使得聚落興廢無常。許多文獻中提到的村里，今天早已消失無蹤，甚且有完全搞不清楚地點的。這些困難，在在阻撓今人對過去的「歷史空間」的重建工作。

　　作為舞台背景的山、川、聚落，要復原都不太容易了，交通路線則更困難。由於港口常常因為海岸線的變遷而興衰不定，渡口也會因為河川的改道而增設或廢棄。港口和渡口，都是交通線上重要的結點，它們的移動，必然迫使交通線重新調整。加上聚落的變遷，更使得交通線的復原難上加難。這可能是至今台灣史學界，對清代的道路交通尚未有系統性的研究成果的一大原因吧！

　　十七世紀縱貫道誕生的時候，只是一條步道，許多路段連牛車都無法通行，因此主要的交通工具就是人的腳。雖然有人會花錢僱頂轎子，但也不過是用別人的腳來代替自己的腳罷了。這是縱貫道的「步行時代」。雖然一八八七年台灣第一條鐵路破土開工，預告了鐵路時代即將來臨，但「步行時代」的終結還要晚到一九〇八年縱貫鐵路全線通車的時候。「步行時代」從十七世紀下半葉持續到十九世紀末，剛好與清朝統治台灣的年代吻合。本書所涵蓋的範圍，正是步行時代的縱貫道！

　　我們幾乎可以肯定：人跡所至之處，就一定有路。台灣島上有人住的地方，當然也就有路。因此清代漢人移民拓墾到那裡，就一定有路通到那裡。至於這條路究竟是水路還是陸路？路幅是寬是窄？是泥巴路還是碎石路面？是不是晴雨天皆可通行？是否有河流阻隔？以上這些都是影響路況的條件。其次，這條路只是人行道呢，還是可以通行車輛？是平坦路呢還是山坡路？這些因素都影響到道路的運輸量。最後，這條路主要是用來運輸商業貨物呢？還是政府文報傳送的路徑？或者是當作軍隊駐點和移防的戰備用途？這些更是決定道路性質的重要因素。因此，釐清到底有那些道路固然重要，但更重要的是，區分出這些道路的用途、路況、運輸量，甚至隨著時間的流移，找出它們之間動態的變化關係。也唯有如此，才能勾勒出清代台灣地表上，人群、貨物，以及資訊交流的網絡。在這

個基礎上，才更有可能去重新檢證，許多未曾深究就被忽略掉的史實。

　　一九五三年，打通縱貫公路筋脈的「西螺大橋」，終於在美援之下完成，標誌著公路時代即將來臨。一九八○年代十大建設完工後，各種高速公路、快速道路卯起來蓋，公路建設成為政府施政成績的標竿。今天，最有資格稱為縱貫線的當然是中山高速公路，因為他承載了三分之二的南北中長程運輸，其次才是縱貫鐵路。至於最老牌的台一線省道，在快速省時的要求之下，只能適合中、短程的城際運輸了。回顧這三百多年來，縱貫線的主流由「步行」而「鐵路」而「公路」，其設施也從泥巴小徑逐步定型為通衢大道，甚至高速公路。縱貫交通在一九八○年代惡化之後，至今沒有根本解決。即將興築的高速鐵路，被政府和民眾視為縱貫交通的仙丹妙藥，但尚未服用，成效仍未可知。縱貫線的未來，還有漫長的路要走呢！

黃智偉

2002.3

一九八七年六月台鐵歡慶百週年的同時，第二高速公路也破土開工了。當時中山高速公路通車已近十年，南北交通正經歷最黑暗的塞車期，野雞車大行其道。兩年後在交通部的協調下，多家野雞車業者合併成立統聯客運，台灣終於有了第二家長途客運。進入九〇年代，更多新成立的國道客運公司加入戰局，縱貫交通又一次大躍進。失去壟斷地位的台汽客運每下愈況，終於在二〇〇一年七月改組為民營的國光客運。那時候，我正忙著改寫碩士論文，隔年春天這本書終於出版。

　　這本書出版不久，二高也在二〇〇四年一月全線通車了。在橫向的高速公路支線與快速道路聯絡下，兩條縱貫的高速公路交織成完整的公路「系統」。過去縱貫「線」獨大的情況，即將轉型成均衡的網絡「系統」，這正是二十年來大家殷殷期盼的：除了解決交通壅塞之外，還能達到「促進國內經濟發展、縮短城鄉差距」的目標。二〇〇七年一月高鐵通車，進一步還要達到全台「一日生活圈」的夢想。

　　天不從人願。就在交通建設迎頭趕上的二十一世紀初，傳統產業卻等不及已先一步離去。舊的傳產工業區人去樓空，空蕩蕩的新「科學園區」因應政治需求卻一個個誕生，貨物流的向量一時丕變。加上基隆港的衰退，台中港和台北港的替代，上個世紀穩定一百年的貨運結構已經改觀。

　　客運方面也出現戲劇性變化。高鐵通車首先吞食國內航空市場，逼使國內線航空班次大量減班甚至停飛，接著也搶走台鐵的長途旅客。而高鐵商務旅客的增加並沒有幻想中的顯著，利用高鐵通勤的夢想也證明不符以往的期待。所謂的「一日生活圈」，變質成為「一日旅遊圈」，當日往返的一日遊觀光形式，使得觀光產業流失了最重要的住宿和晚餐收入。二高通車後國道客運路線並未跟著改

變，長途巴士和貨櫃車仍集中於一高上，二高上大多是私家小汽車。至於東西向
的聯絡道路，除了鄰近都會的那幾條「變質」成為都市外環道車流較多外，其他
十二條東西向快速道路的使用率並不高。

　　和清代只有一條縱貫線比起來，今天我們已經有「兩省三高」五條縱貫線：
省鐵（台鐵）、省道台一線、高鐵、一高、二高。「促進經濟發展、平衡城鄉差距」
的口號言猶在耳，交通建設卻來不及追上局勢的改變。未來台灣交通政策的走
向，值得我們深思。

黃智偉

2011.6

目次

第四章　蛻變與重生——十九世紀的縱貫道

省道台一線今昔

十七世紀縱貫道路線圖

大雞籠社
金包里社
圭柔社
淡水
八里坌社
南嵌社
芝包里
淡水河
竹塹社
中港社
後壠社
大溪
鳳山崎溪
金門厝溪
中港溪
後壠溪
打那叭溪
吞霄社
宛里社
雙寮社
大甲社
牛罵頭社
沙轆社
大肚社
阿束社
半線社
大武郡社
柴裏社
柑尾溪
大甲溪
大肚溪
東螺溪
西螺社
東螺社
西螺溪
新虎尾溪

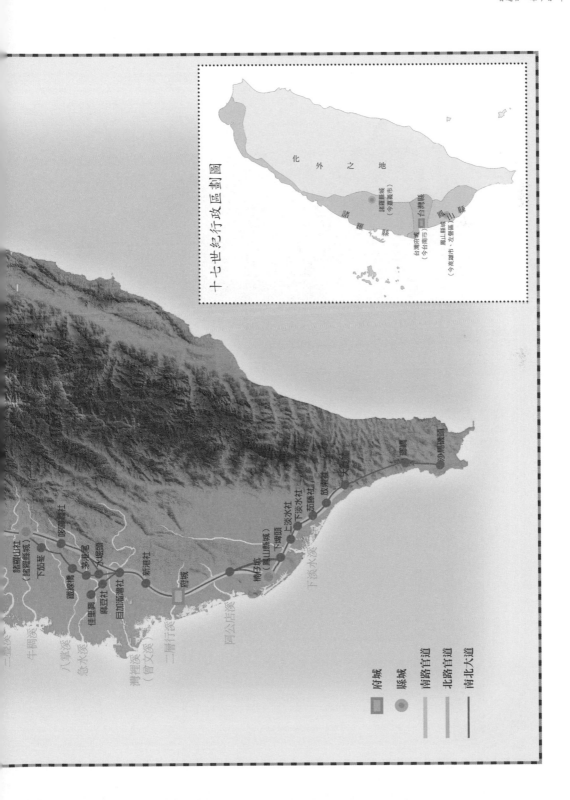

十七世紀行政區劃圖

化　外　之　地

諸羅縣城（今嘉義市）
台灣縣城（今台南市）
台灣府城（今台南市）
鳳山縣城（今高雄市・左營區）

二層行溪（曾文溪）

府城

阿公店溪

下淡水溪

二層行溪

灣裡溪（曾文溪）

目加溜灣社

麻豆社

佳里興

蕭壠橋

哆囉嘓社

諸羅山社（諸羅縣城）

下茄苳

八掌溪

急水溪

牛稠溪

二重溪

水堀頭

茅港尾

新港社

新港溪

下淡水溪

椰子宅

下陂頭（鳳山縣城）

上淡水社

下淡水社

茄藤社

放索社

大昆麓

頂城

沙碼磯頭

府城

縣城

南路官道

北路官道

南北大道

十八世紀縱貫道路線圖

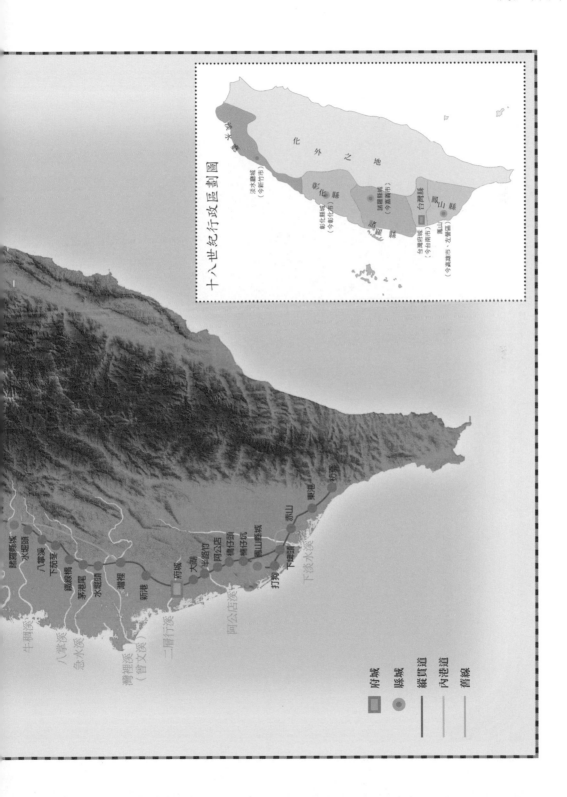

十八世紀行政區劃圖

化 外 之 地

澎湖

淡水廳城
（今新竹市）

彰化縣城
（今彰化市）

彰化縣

諸羅縣城
（今嘉義市）

諸羅縣

台灣府城
（今台南市）

鳳山

鳳山縣城
（今高雄市‧左營區）

台灣縣

鳳山縣

諸羅縣境

水堀頭

八獎溪

下茄苳

諙綠橋

茅港尾

水堀頭

蕭壠

新港

大湖

半路竹

阿公店

橋仔頭

楠仔坑

鳳山縣舊城

赤山

下埤頭

東港

枋寮

打狗

牛稠溪

八掌溪

急水溪

灣裡溪（曾文溪）

二層行溪

阿公店溪

下淡水溪

府城

縣城

縱貫道

內港道

舊線

十九世紀縱貫鐵道路線圖

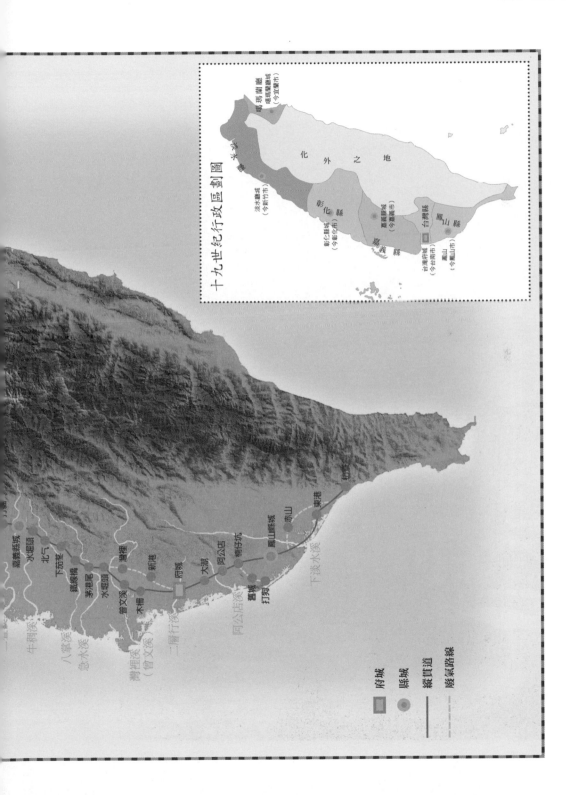

十九世紀行政區劃圖

噶瑪蘭廳（噶瑪蘭城，今宜蘭市）

化　外　之　地

淡水廳城（今新竹市）

彰化縣（彰化縣城，今彰化市）

嘉義縣（嘉義縣城，今嘉義市）

台灣縣（台灣府城，今台南市）

鳳山縣（鳳山，今鳳山市）

嘉義縣城
水堀頭
北气
下茄苳
鐵線橋
茅港尾
水堀頭
灣裡溪（曾文溪）
曾文溪
木柵
二層行溪
府城
新港
大湖
阿公店
橋仔頭
鳳山縣城
赤山
東港
阿公店溪
舊城
打狗
下淡水溪
牛稠溪
八掌溪
急水溪

府城
縣城
縱貫道
廢氣路線

　　基隆是縱貫道的最北端點，三面環山一面對海。任何進入基隆的道路，非得翻越山脈不可。拍攝這張照片的立足點在獅球嶺上，走縱貫道進入基隆的旅人必定會在這裡駐足。照片中央軸線上可以清楚看到中山高速公路，最下方獨立高聳的「華表」標誌著高速公路起點0公里處。在十項建設以前，這條路原本是麥帥公路。從古至今，每個年代首屈一指的交通路線都以此為起點，堪稱「台灣頭」。順著高速公路向大海延伸，聳立外海的三角形島嶼便是基隆嶼。根據清代的地理觀，台灣島的「龍脈」乃是由大陸崑崙山一路東來，潛入東海從基隆嶼冒出頭，然後結成中央山脈。中央山脈是脊骨，基隆港是龍口，基隆嶼則是龍珠。在清代，旅人雖然看不到照片中的高樓大廈、高速公路與碼頭邊的貨櫃吊車，但卻可以看到港內的兩座小島。這兩座小島在日本時代建港時消失，一座被挖掘炸掉，一座被填築與陸地連成一體了。

　　這不是獅球嶺「鐵路」隧道嗎？和縱貫道有什麼關係？的確。這座隧道是一八九〇年打通的，原本目的是為了通行火車，但六年後竹仔嶺新鐵路隧道完工後，就轉為道路用途。在肩負鐵道運輸「重」任的那幾年中，也並非始終有火車通行。就算火車通行，每天也只有一、兩班列車，要遇上也不容易。因此，縱貫道上的行人與挑夫們，立刻就放棄獅球嶺山路，改走隧道。在清代最後幾年，這座隧道與其說是「鐵路」，倒不如說是縱貫道路的「新線」。每天通過隧道的行人遠比火車旅客多，肩挑貨物也遠比火車貨車載得多。等到一八九八年火車改走新隧道後，獅球嶺隧道名正言順成為公路隧道，直到光復後隧道南口外設立軍用油庫後，這個隧道才被封閉於營區內，禁止人車通行。獅球嶺隧道作為公路隧道的時間超過半世紀，作為鐵路隧道才七年而已，更別說這七年也兼作行人步道。以此觀之，究竟應該稱為鐵路隧道還是公路隧道呢？

　　「內港之路」依循著石頭溪與山腳之間的夾縫前行，大約在一七〇〇年打通。在此之前，桃園到台北必須繞道林口、八里的海岸，然後從關渡進入台北盆地。內港之路沿著石頭溪（今大漢溪，淡水河的上游）西岸北上，經過鶯歌、樹林、新莊抵達台北。石頭溪的名字聽起來很普通，不過就是溪底布滿石頭，感覺不出有什麼過人之處。事實上，大漢溪河床的「石頭」其實是「巨岩」，塊頭比牛還大。這張照片攝於三鶯大橋下，遠方山腳下若隱若現的縱貫鐵路，就是蓋在當年的內港之路上。內港道作為縱貫道的幹線大約一百年，之後便改走龜崙嶺山路，也就是今天台　線省道所走的路線。清末建築鐵路時，也是沿著龜崙嶺縱貫道的路線建築。日本時代為了避開龜崙嶺陡坡，新的路線又走回兩百年前的「內港之路」了。

　　新竹到中壢得走一天，中午在半路的尖站休息。在十八世紀末改線之前，這處尖站設在波羅汶，改線後則在湖口。現在湖口以老街聞名，波羅汶則無人知曉。在乾隆以前，旅人從新竹出了北門越過頭前溪、鳳山溪後，必須辛苦攀上鳳山崎，繞過圓山腳下抵達波羅汶。圓山以東的老湖口、楊梅等地還屬於「番界」之內，不能隨便進入。在波羅汶不能休息太久，因為下午的行程也很艱苦。從波羅汶到中壢這段路，通過今天的湖口台地，沿途幾乎沒有民居和農田，還會遭遇數不清的乾旱坑谷，號稱「九十九溪」。每條旱溪底下布滿瓜一般大的卵石，一不小心就會扭傷腳踝。道路沿途沒有遮蔭，也很難覓得水源，夏日旅行特別折磨人。

　　這段縱貫道緊鄰著一條大溝，並行數十里遠。大溝內完全沒有水流，純粹是由人工挖掘出來的「土牛溝」，作為漢番的交界線。十八世紀末土牛番界撤除，縱貫道終於可以向東偏移，避開湖口台地改行楊梅通谷，這也就是今天省道台一線和中山高速公路的路線。新線不再通過波羅汶，老湖口代之而興，成為新的尖站。光緒年間建築鐵路，依舊沿襲縱貫道路線，在老湖口也設立火車站。一九二九年鐵路改線後，老湖口迅速沒落，陰錯陽差地得以維持老街原貌。鐵路新線從楊梅分歧，竟然走回二百年前的老路了。如今波羅汶雖然緊鄰縱貫鐵道，但因為沒有設站，依舊維持小村落的規模，僅留下照片中這殘破的亭仔腳老店街而已。

　　縱貫道上許多路段都會遭遇沙丘，最著名的路段就是後龍。此外，海線縱貫道在彰化、雲林縣境內也是處處沙丘。彰化、雲林的沙丘源頭來自濁水溪和大肚溪，旱季沙塵暴就從河床捲起，侵襲力道可以穿透數十公里。每次沙塵暴過後，沙丘都會改變形狀，甚至造成整座小丘飛移。

　　縱貫道海線在二林路段受害最深，因此這裡就成為現代沙害整治的首要目標。一八九八年濁水溪大氾濫之後，台灣總督府將舊濁水溪源頭斬斷，沙源因此杜絕；接著再配合設置防沙柵等設施，創造廣大的新生地，大部分就變成溪湖糖廠的甘蔗田了。至於雲林縣境內的沙丘，也被釘死不再位移，直到十項建設的年代才被怪手挖去作建材，只剩下那些「種」滿墳墓的倖存下來。原本非常普遍的地貌，如今已經非常罕見，只剩下後龍附近還能看到。

　　照片中柏油黑得發亮的是剛完成的「自行車道」，古道的原始形貌已經被覆蓋無存了。一旁高達二、三十公尺的沙丘，塊頭遠比彰雲地區的「崙仔」高大，因為它們的沙源來自海面而非河床，而且風向固定。沙丘下的小水溝仍然保留著「大路溪」的名稱，除此之外再也沒有當年通衢大道的蛛絲馬跡了。

　　這個新興的風景區渾名「好望角」，取其展望良好之意。照片中最右邊那座風車腳下是西湖溪，更遠方則是後龍溪，兩條溪出海口合併成為一大海灣。自從西濱快速道路通車至此，聯外交通大為改善，從此吸引許多觀光客造訪。每逢假日平台上人滿為患，行動咖啡車和烤香腸的小販趨之若鶩。在十幾年前，這座山頭仍受軍事管制，遊客無緣欣賞美景。然而，清代縱貫道上南來北往的旅客，經過這裡一定會駐足吃飯，同時俯瞰這美好的景色。今天除了「飯店仔」地名保留下來外，清代道路的遺跡已不復存，連那棵醒目地標大樹也被砍掉了。這座山是地層隆起造成的，山下就是著名的「過港貝化石層」，日本時代被指定為「天然紀念物」保存。清代旅人行經這裡，隨手就能撿拾地上的貝殼化石呢！

　　縱貫省道上最有名的是跨越濁水溪的西螺大橋，清代縱貫道上最有名的則是大甲溪。西螺大橋之所以有名，除了是縱貫公路最後合龍處之外，主要是因為政治宣傳太過火了，因此才深入人心。根據原計畫，西螺大橋在日本時代早該完工。首先發包的橋墩工程完成後，遇上太平洋戰爭，為了節省鋼鐵就停工了。光復後橋梁依舊沒有發包，直到美援鋼鐵到位，才在日本時代完成的橋墩上架梁，不到半年就在一九五二年底完成。美國人之所以重視西螺大橋，著眼於坦克車交通，背後則是一套完整的中美軍事合作構想。在西螺大橋通車之前，甚至已經先改造縱貫鐵路的濁水溪橋，讓坦克車可以直接開上鐵路橋渡溪。但自古以來，大甲溪才是縱貫道上最大天險，如今名氣卻被西螺大橋給蓋過了。這張照片是從清泉崗頂俯瞰大甲溪谷，對面就是大甲鎮的水尾山，清代以「篙山」（崩山）聞名。跨過大甲溪谷的高架橋是國道三號，大甲溪的規模可見一斑。

宮保大人岑毓英看到這個畫面，一定會當場暈倒。二〇〇八年后豐大橋斷橋事件後，上游不遠處的台鐵大甲溪橋也岌岌可危。天晴後，鐵路局加緊趕工，整治橋下深陷的新河床，藉以保護橋墩。自從二〇〇〇年高屏大橋斷橋後，這種強固河床、保護橋墩的工程，全台灣到處都可以看到。

這些工程使用的水工構造物，就是一般人習稱的「消波塊」，工地則暱稱為「肉粽」。一粒肉粽斤兩十足，大卡車一趟只載得動一顆。照片中兩台大卡車上的肉粽，剛剛才從數十公尺旁的河床上拆模塑成，現在卡車正倒退到吊車邊，讓起重機吊起肉粽拋入河中。肉粽的形狀完全對稱，跌入溪中自己會轉成穩定的姿勢，重心則永遠在肉粽的正中央。將來即使受到洪水攻擊，也能順勢達到新的平衡狀態。和岑宮保大人當年使用的尖端武器大鐵石籠比起來，肉粽不但更大更重，而且堅硬無比。當年岑宮保在福州造船廠訂作幾十座大鐵籠，便信心滿滿以為可以壓制大甲怒濤。今天我們拋棄幾千幾百顆肉粽，后豐大橋仍逃不過墜毀的命運！

可別小看這條連小汽車都無法會車的巷弄，在清代這可是縱貫台大肚溪的渡口大道，地名至今仍稱為「渡船頭」。順著斜坡往下，過了大樹下小廟便是大肚溪了。在清代，各個重要的渡頭都有一顆大樹，樹下庇蔭處就是最好的候船地點，久而久之一定也會立座小廟，由船家共同維護。

清代沒有高樓，平原上一望無際，道路路跡又常常模糊不清，渡船頭的大樹乃成為重要的路標。渡口既然緊鄰大溪，附近土地常遭氾濫，道路路跡比農田區域更加難以辨識，特別需要大樹當作指標。此外，大樹存在本身便證明了此處地勢良好，歷年氾濫從未沖垮它。只要樹不倒，洪水帶來的泥沙自然會在樹腳堆積，久而久之固結堆高，成為河畔的堡壘。於是，樹下自然形成市街，既有渡頭的良好地段，又有較高的安全地勢。同時，水圳的圳頭最怕洪水衝擊，自然也都選擇在渡頭大樹下。順著照片中的巷道穿越大樹腳，台中農田水利會大肚圳圳頭抽水站便在眼前了。

　　從牛斗山（右側大樹處）看西方月山，雖未襯著西沉月，代之以夕陽亦差堪比擬。西方月山後方是嘉太工業區南亞塑膠的員工宿舍，相較之下可知此山有多麼矮小。

　　山雖不高，卻有水有脈、地理極佳。這條東西向細長形的小丘，在兩公里內潛沒地表兩次，總共結成三個山頭，有細長如蛇，亦有方圓如龜者。正中央突起一座小峰，天然生成一處「真武踏龜」穴。山南方有牛稠溪平行流過，山頂上有一口龍目井，泉水四時豐沛，可容萬夫之飲，大旱時溪乾見底，山頂卻泉湧不竭。縱貫道出了諸羅城北門後很快就到這處「負山阻水」之地，過渡後道路迂迴於龜蛇兩座山間，向北抵達打貓（民雄）。

　　林爽文看準這處好地理，聚眾數萬人在此成立大本營，對諸羅城進行長期包圍戰。因為這個包圍戰，乾隆皇帝才下詔將諸羅改名為嘉義。諸羅被困五個月後，渡海而來的福康安率領騎兵攻破牛斗山大寨，從此林爽文兵敗如山倒。爽文雖敗，牛斗山仍沒有倒，直到一九七〇年代中山高速公路施工至此，將真武踏龜山峰夷平，並且大量挖取蛇山土方墊築路基，這處地理才被破壞掉，連那口龍目井也不知去向了。

　　要讓現代人理解清代「迢迢大道」的路況，真的非常困難的。這張照片的拍攝地點在金瓜石廢棄的礦場附近，和縱貫道沒有任何地緣上的關係，但卻可以用這種景象幫助大家想像。

　　首先，照片中那條馬路原本是給運礦大卡車走的柏油路，在荒廢數十年後，兩旁的草根已經穿透路面，路面縮減成原來一半不到，再過幾年就會全部被掩蓋了。只要沒有例行的維護工程，即使是現代的大馬路一樣會被自然的力量弭平。清代縱貫道路沒有這麼直，也沒有舖面，當然更沒有例行的維修，就算拍成照片也很難看出「一條」路的感覺，映入眼簾的只有雜亂無章的草木而已。

　　視線順著照片中公路向山腳延伸，可以看到這條路呈之字型爬上山，先往左上爬坡，然後轉成右上，如此反覆三次終於爬上山頭。現代公路是給車輛走的，受限於引擎馬力和輪胎的抓地力，路面有最大坡度的限制，非得之字型迂迴爬坡不可。清代縱貫道既然是給人走的，就沒有最大坡度的限制，只要確定山嶺鞍部所在地點，從山腳下對準嶺頭直線攻頂，包準沒錯！因為採用最短路徑，所以坡度最大，滑移崩坍自是家常便飯。路崩了就側邊通過，沒什麼大不了。桃李不言，下自成蹊，這就是「人走出來的」縱貫道。

　　縱貫道翻越獅球嶺鞍部最低點,其位置就在上圖正中央廟宇背後。這座基隆地區最大的土地公廟,就是因為地處交通要道而興旺的。平時旅客絡繹,戰時則成為兵家必爭之地。一八八四年中法戰爭、一八九五年中日戰爭時,福安宮背後就是清軍最大的營盤所在。當登陸隊搶灘上岸後,這裡就是阻止敵軍進入台北的最後防線,因此兩次戰爭這裡都是主要戰場。自從山下的獅球嶺隧道開通後,行人大多改走鐵路,獅球嶺山路人煙漸稀。日本時代基隆市政府為了倡導晨間體操,向軍方商借這塊山頭,布置成早起會運動公園,當時在台灣係屬首創。光復後軍方勢力反撲,將廟宇後方從嶺頭至山谷全部封禁,建立軍用油庫,鐵絲圍籬從廟後一直延伸包圍整個山谷。清代縱貫道因為被劃入禁區,免除了現代工程與材料的侵擾,竟維持住如下圖所見的原始風貌。清代羊腸小徑的縱貫道,今天要不是被省道台一線就是被中山高速公路覆蓋,僅剩下幾段越嶺路線勉強尚能辨識。這些僅存的路段,多半也被挖挖填填並舖上柏油。像獅球嶺山路這樣保存原貌者,可謂絕無僅有!

　　緊鄰朴子溪堤防下，小廟前方特別種了兩顆榕樹，似乎是為了映證本村的名稱——松樹王（台語榕樹與松樹諧音）。松樹王渡曾經是清代海線縱貫道上的要津，早在乾隆年間就已經以一顆超級大榕樹聞名。如今小廟旁的古榕雖已不存，但還保留著嘉慶年間的一方古碑，上面記載著興設義渡的緣由。

　　最近幾年古碑重新被立起，仔細看照片正中央金爐旁路燈腳下，就是這塊不起眼的「重興義渡碑記」。原本經由大榕樹北邊的朴子溪，在十九世紀初襲奪了大樹南邊的新埤灌溉水道。新的河道一直保留到現代，故道則已經完全消失了。進入二十世紀後，明治製糖株式會社在大榕樹對岸建立糖廠（蒜頭糖廠），溪上架起鐵路大橋，松樹王渡從此消失，輝煌的過去連本村居民都逐漸淡忘。由於石碑落款年代為嘉慶，於是村民穿鑿附會嘉慶君遊台灣的傳說。今天，這塊古碑是六腳鄉觀光自行車道沿途的一個景點，解說標牌就寫著「嘉慶君義渡碑」。縱貫道上重要渡口的價值，竟比不過子虛烏有的傳說故事呢！

　　對岸新落成的堤防，白色水泥閃閃發亮。堤防後方露出屋頂的住宅區就是民雄鄉的「金世界」社區，二〇〇九年八八水災時慘遭牛稠溪水無情肆虐。延宕半個多世紀的堤防工程，在強大民怨催促下立刻獲得經費，不到一年就完工了。堤防建成後，溪底這座過水橋被阻斷，兩端引道很快就被野草埋沒了。

　　所謂的過水橋，通常就是在河床上順著水流方向排列水管作為涵洞，然後在水管上方堆疊出一條跨溪的路面。只有在枯水期時，溪水全部從水管穿越橋下，乾燥的路面才能通行人車。等到大雨過後，溪水漫上路面，交通就被阻絕。水退後還得先打通被泥沙塞住的涵洞，並且清理被泥沙埋沒的路面，才能恢復通行。在路面尚未被太陽曬乾以前，貿然通過濕滑的過水橋，很容易摔入溪底。失事的腳踏車殘骸常常卡在涵洞口，成為一種另類的「人工魚礁」。

　　這座過水橋的位置，正是清代縱貫道的徒涉場，平時行旅皆涉水而過。一八九五年日本攻占台灣，軍隊立刻在此架設軍木橋，後來還鋪設客貨運台車鐵軌。一九二〇年代縱貫公路工程啟動，在本橋上游側建築高聳的水泥新橋，原本木橋便閒置下來。公路新橋雖然寬大，但車速太快；地方民眾還是喜歡走舊的這座過水橋。到了光復後，越拓越寬的台一線阻斷橫向的地方交通，在地人更加依賴過水橋。特別是溪畔的頭橋工業區啟用後，每逢上下班時間摩托車車群塞滿過水橋，一個不小心就會摔到水裡。這種獨特的交通奇景，甚至延續到二十一世紀，直到八八水災過後，縱貫道上最後的一座便橋才因此壽終正寢。

鐵線橋是嘉義台南之間重要的商街，也是縱貫道上的尖站，行旅在此吃飯候渡。最初這座橋是竹子架成的，上面覆蓋草土以利行人。鐵線橋名稱由來已不可考，但絕對不是現代台語意義的「鐵線橋」（吊橋）。當初或許有使用鐵線來綁竹架，因此才會被如此稱呼。歷代官員及地方士紳雖然曾經多次集資改善此橋，甚至一度改為比較堅固的木橋，但是都禁不住夏天的洪水。於是，這座橋也和縱貫道上其他的橋梁一樣，冬春架設便橋，夏秋依賴擺渡。

康熙末年台梁文科行經此地，聽聞當地傳說每當橋北大雨滂沱、橋南卻乾旱無雨，心血來潮將橋名改為「通濟橋」。當然，大官虛榮心就此得到滿足即可，數百年來大家依舊襲用鐵線橋的舊名。倒是橋頭那座小廟，從此便附和改名「通濟宮」，這就是照片中道路盡頭那座小廟，一九九八年已經被指定為台南縣定古蹟了。廟後方這條商街，停留在二十世紀上半葉的規模。位居縱貫道急水溪要津的鬧市，因為鐵路改走新營，加上急水溪改道的雙重打擊，迅速沒落成偏僻的寒村。

這條臭水溝水色黝黑，草木的倒影特別醒目。遠方盡頭有一座省道台一線的「烏水橋」，原名「烏鬼橋」。因為避諱「鬼」這個字，所以改成諧音「水」；沒想到一語成讖，底下這條溪真的因為永康工業區排放廢水，成了名符其實的「烏水」和「汙水」了。這座不起眼的小橋只有三公尺長，卻是不折不扣的「台灣第一橋」！當年荷蘭人統治台灣時，命令黑奴建立這座橋，成為普羅民遮民往北通往永康農墾區的交通要道。這條台灣島上最早的道路工程，沿途建有大橋、小橋、烏鬼橋等，如今皆已化為村落名稱了。

高雄市仁武區赤山村大將廟落成於一九八二年，一樓供奉康熙六十年在此殉難的千總陳元，二樓供奉「仁德真君」。康熙六十年春，朱一貴在鳳山縣造反，台灣府官兵聞訊南下征討。總兵官率領大軍出府城南門，沿著縱貫道一路南下，每天龜速前進十公里，沿途疑神疑鬼草木皆兵。在幾次零星戰鬥之後，大軍終於推進到楠梓，千總陳元還打了幾場小勝仗。

事實上，朱一貴和杜君英聯軍早就埋伏在赤山一帶，前面幾場零星戰役只是誘敵深入的技倆。從楠梓到鳳山的縱貫道，一反先前單調的平原景觀，開始進入地勢起伏的破碎丘陵地帶，小山林立埤塘眾多。最有名的大埤今名澄清湖，澄清湖北邊則有縱貫道上顯著的地標──赤山。總兵官率領大軍經過赤山腳下中了埋伏，陳元當場戰死，總兵官狼狽逃回府城。從這場戰役開始，官軍兵敗如山倒，朱一貴尾隨敗兵打進府城，黃袍加身稱帝開國了。

據說陳元死後屢屢顯靈，赤山腳下入夜行人絕跡。光復後一九七〇年代高雄鸞堂盛行，陳元常常藉乩降駕顯靈，並且指示信徒在他殉難的赤山腳下建廟，一九八二年終於完成。此廟供奉的大將有二，一樓是千總陳元，二樓是「仁德真君」。「仁德真君」是何人也？他就是最有資格稱為「大將」的人，也就是中華民國唯一一位五星上將──蔣中正！

　　這是典型的泥火山噴發口，瓦斯伴隨泥漿從地底湧出。以噴發口為中心，泥漿會逐漸堆出一座小山來。縱貫道渡過下淡水溪的地標鯉魚山，便是一座泥火山。鯉魚山原名赤山，以瓦斯燃燒赤燄而得名。康熙年間赤山經常冒火，在夜間尤其醒目。後來噴發頻率漸緩，到如今每隔兩、三年才偶爾噴發一次，每次頂多燃燒一兩天而已。現代的噴發口每次地點都不一樣，且轉移到山腳附近的農田間了。每次噴發，農作物就會被大量的泥漿覆蓋毀滅，農夫苦不堪言。

　　拜桃芝颱風之賜，二十一世紀的台灣竟然還能重見竹木橋！這座橋架設於花蓮縣豐坪溪上，是水泥大橋被沖斷後臨時搭建的，存在壽命很短。橋頭原住民部落中，顯然還有懂得「古法」的老人在，能夠指導大家利用裝石竹籠作墩，就地撿拾漂流竹木枝作輔架與橋面板。唯一使用的「現代材料」，只有紮束用的鐵絲，以代替傳統的竹篾條。在二十世紀下半葉，台灣山區偶爾都會出現這種竹木架橋。

　　這種源自漢人的技法，在平地很早就消失了，反倒是山區容易見到。除了適材適地之外，也和原住民長期擔任建築工人、熟悉鷹架結構有關。這種橋梁結構曾經是台灣島的主流，在清代算是非常了不起的了。清朝人看到這座橋，不會稱呼她「竹橋」或「木橋」，而會叫做「石橋」或「鐵橋」，因為她使用到了非常「高級」的裝石竹籠與鐵絲，並非僅只竹木而已。現代一般人印象中那種全部用石塊打造的江南水鄉式「石拱橋」，在台灣從未使用在溪流，只出現在熱鬧街市的小水溝上，長度也不過幾公尺罷了。

台灣最早的古道──

縱貫道

第二章

縱貫南北的主要官道

「縱貫」官道的出現，並非一朝一夕之事，而是隨著官府行政編制的擴大，
統轄區域的增加，逐步完成的。

在清朝統治時期，台灣始終存在著一條南北陸路幹道，而且這條道路還被官
方刻意地「建立」成官道。這條道路，並未經由官方明文訂定其路線和管理規則，
而是政府透過在沿途駐防的官兵，節節掌控全線道路；進而以此道路為基礎，向

台灣府城城門是縱貫道的起點。

外伸展其統治力。也就是說,這條官道雖然不見於「明文」,但它卻是事實上在發揮效用的。不僅主要官府衙門全都集中在這條道路沿線,而且島上陸軍至少有八成兵力是駐守在這條道路上的。這條官道正是今天「縱貫道」(省道台一線)的前身。

南北向的這條官道,在清代並沒有所謂「縱貫道」這個名稱。在文獻中,台灣府城的人有時稱她為「諸、彰北路往來通衢」,意思是「通往諸羅和彰化的主要幹道」。在諸羅縣城居民的口中,縣城以南的叫「縣治抵郡必由之路」,更常用的名稱是「府治大路」。依照當時慣用的語法,所謂的「府治大路」,就是「(往)府治(的)大路」之意。至於諸羅縣城以北的路段,則稱為「彰化大路」,也就是通往彰化的道路。不管是哪裡的居民,最常用的稱呼還是「南北孔道」、「南北通衢」、「南北往來必由之路」等。

其實,在清代人的眼中,似乎並沒有「一條」、「一條」不同道路的觀念,當然更不會為這些道路命名。對他們而言,道路的實用價值就表現在稱呼上,一條能夠通往某某地點的道路,就稱為「某某大道」。連接甲地和乙地之間的道路,以甲地居民的觀點認為是「某乙大道」,在乙地居民的口中卻是「某甲大道」了。在本書行文之中,為了方便,我們直接稱呼這條路為「縱貫道」,不再咬文嚼字地區分這一段、那一段的官道了。

這條「縱貫」官道的出現,並非一朝一夕之事,而是隨著官府行政編制的擴大,統轄區域的增加,逐步完成的。也就是說,官府設到哪裡,官道也就通到哪裡。因此,要瞭解官道的規模,先得從官府統治力擴張的過程講起。

清代台灣屬於福建省。福建省的省會設在福州,轄下共有十個府,其中有一個府設在「台灣」(今台南市區)。設在「台灣」的府,正式名稱就叫「台灣府」。康熙二十三年(1684)清朝正式開始統治台灣的時候,台灣府下面一共只有三個縣:台灣縣、諸羅縣和鳳山縣。台灣縣和台灣府共用一座城池,這座城池一般被習稱為「府城」,因為台灣島上只有一個府,別無分號,不講出府名也沒有人會誤解。至於另外的二個縣呢?北邊諸羅的「法定」縣治所在地在「諸羅山」,也就是今天嘉義市;鳳山縣治則在「興隆里」,也就是今天高雄左營。理論上台灣既然有三個縣,必然有「官道」聯絡其間,也就是說至少有一條從嘉義經台南到左營的道路存在。不過事實並非如此,因為在清朝最初的二十年,諸羅縣政府和鳳

山縣政府都是「龜縮」在府城內辦公，並未到指定地點築城建署。換句話說，台灣府發到下級三個縣的公文，不必走百里官道，只要過幾條巷子就送到了！

　　康熙四十三年（1704），在上級的催促之下，諸羅縣和鳳山縣才在嘉義市和左營兩地分別開張。這個時候，台灣府三個縣的轄區分割是：新港溪（今台南市鹽水溪）以北屬於諸羅，二層行溪（今南、高市界的二仁溪）以南屬於鳳山，二者中間的狹小區域屬於台灣縣。換句話說，當時的台灣縣幾乎就相當於今天的台南市區。理論上諸羅縣的轄區，從新港溪往北，涵蓋今天的台南市、嘉義縣、雲林縣、彰化縣直到島嶼最北端的基隆，甚至繞往東部的後山；鳳山縣的轄區從二層行溪往南，包括今天的高雄、屏東以致於恆春半島，同樣轉往後山。諸羅縣的轄區以順時針方向由北轉東，鳳山縣則以逆時針方向由南轉東，兩個縣「理論上」的交界，竟然遠在東台灣的秀姑巒溪口，真是令人咋舌！

　　從以上的行政區分割看來，台灣府似乎統轄著台灣全島，事實不然。在交通、通訊革命來臨以前，一個縣的統治力所及，大約只有百里。「百里」之數並非基於法律，而是有切切實實的根據──這正是人類步行一日的距離，同時也是

直到縱貫鐵路完工，「縱貫」這個名詞才開始出現，並且逐漸成為民眾的日常語彙之一。
圖為一九〇八年縱貫鐵路通車典禮現場。

官府統治力的極限。依照這個標準，光是台灣西部地區，不包括中央山地，從北到南就應該設置十三個縣，才能真正發揮統治的效果。十八世紀初台灣島上的三個縣，不可能統治全島。更何況，即使在名義上，清政府也從未「宣稱」他們的版圖涵蓋全島，因為原住民所居住的山地，是屬於「不入王化」、「聲教未及」之地！

隨著漢人移民越來越多，聚居的地方也逐漸向北擴張，台灣府擴編的壓力也越來越大。縱貫官道自然隨之延長。這些新增加的縣，都是集中在北路，南路始終維持一個縣的編制，直到一八七〇年代才因為牡丹社事件增設「恆春縣」。因此，南路官道的規模，兩百多年來始終止於枋寮，直到一八七四年才繼續向恆春、鵝鑾鼻延伸。另一方面，北路新增加的縣，依序是彰化縣（1723）、淡水廳（1731）和噶瑪蘭廳（1808），治所分別位於今天的彰化市、新竹市和宜蘭市。由此可知，官道也必然隨之向北延伸，甚至跨向東部的宜蘭。

台灣府南路（台南經鳳山、枋寮至恆春）加上台灣府北路（台南經嘉義、彰化、新竹、艋舺、基隆至蘇澳），就是清代官道的最後規模。其中南北末尾的兩段（枋寮至恆春、基隆至蘇澳）都是十九世紀以後才逐漸成形的，道路的流量比較低。因此，不論是官方或民間，習慣上都以基隆到枋寮這段為主要的官道。因此，當一八九六年日本人開始規劃整頓台灣島的陸路交通時，他們很自然地就把基隆、枋寮段賦予特殊的地位，最後甚至定名為「縱貫道」，還為它量身訂作一套工程和管理規範。同時間貫串基隆到高雄的鐵路也跟著通車，正式定名為「縱貫線」。從此，「縱貫」之名深入人心。

官道的基本概念

官道是帝國的血脈，如果血脈不通，將直接威脅到帝國的生命！

　　方圓百里設「縣」，「縣」是基本的統治單位。

　　打從秦始皇統一天下，創建全國性的道路系統之後，中國的地表上就有了「官道」。「官道」是連結中央與及各級地方政府之間的道路。由於各級政府所在地，多半就是最熱鬧、最繁華的地方，因此「官道」除了為官方統治而服務，同時也是商賈輻輳，人馬雜遝的道路。在近代以前，這些道路也是路況最好、安全最有保障的道路。縱貫道在台灣，可以說就是一條，甚至是唯一的一條「官道」。

　　說得更精確一點，縱貫道應該算是一條「準」官道，因為台灣的官方並未正式「宣布」這個島上有什麼「官道」存在，這是因為台灣的特殊情形，和中國內地的普遍狀況差異頗大。雖然如此，要認識縱貫道的「官道」性質，還是得從中國標準的狀況入手，才能理解。

　　依照漢人傳統的空間概念，「城」與郊野附屬地區，構成了生活的基本空間。所謂的「城」，是指圍牆圍起來的一個封閉空間，四周至少開有東、西、南、北四座門。四座城門對應著北路、南路、東路、西路等四條通衢，分別通往鄰近的四座城池。如果沒有山脈、河川的干擾，理論上這些城與城之間，透過道路的聯繫，便會交織出一個完整的棋盤結構來。每座城池與每座城池之間，距離大約一百里。以道路半途為界，每個城池東西南北各有五十里的轄區。換句話說，以一座城池為中心的行政區，長寬幅員各約一百里。俗話常說的「方圓百里之間」，正是一座城池的勢力範圍。這樣一個基本的空間單元，就是大家習稱的「縣」，所以縣太爺也就常被稱為「百里侯」了！

左圖：這是十八世紀末繪製的一張古地圖，圖中央諸羅縣城（即今嘉義市）的城牆內，註記著「離彰化城一百里」字樣。不過古人對距離的觀念和現在不同，今天我們測量嘉義市和彰化市之間的距離，絕對不會剛好是一百里。

下圖：台灣府城也是台灣縣城，是清代台灣的政治、經濟和軍事的中心，可以說是「白道」的大本營。

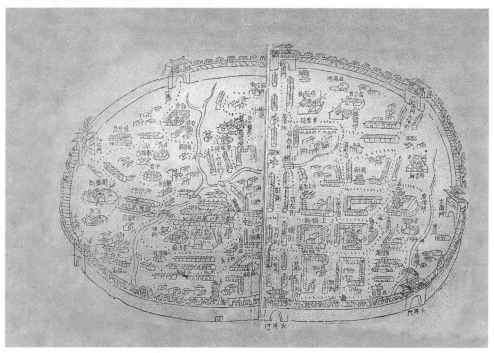

　　中國傳統政府的統治力，以城池為中心，向外擴張，不過大多僅及於平原農地。以上所述那種方圓百里、標準棋盤式的模型，在地表上並不常見，主要的原因是受到地形的限制。在地表上，山脈、河川往往構成農業生活的障礙，並切斷了道路的連續。縣的邊境有時接上另一個縣，也有時止於丘陵或沼澤。縣城郊外的丘陵山區、湖沼水澤，往往是統治力薄弱的地方，這些地方事實上就不是皇帝老子的天下了。其中人跡不到的，是蛇虺魍魎的世界；有人類居住的，大概都是「英雄好漢」的地盤。總而言之，城池是「白道」的政治中心，山阪水濱則是「黑道」的政治中心，兩者中間的「魚肉」，是鄉民百姓。在大部分的時間裡，黑道和白道各有分際，各取所需，互不相犯。

　　「縣」是傳統中國政治的最末稍，在二十世紀以前，沒有比縣更小的「行政機關」了。數個相鄰的縣，可以再組成更大的一個單元，稱為「府」。在一個府的轄區之內，最熱鬧的城池往往就是「府衙門」的所在地，這個城就被稱為「府城」，其他各個城池則稱為「縣城」。幾個相鄰的府加起來，就是一個「行省」，省會便設在最大的府城，這個府城又被特別稱為「省城」。大清帝國除了北京皇城之外，共有大約十八個行省，除了邊疆之外，和今天中華人民共和國的行省疆界，沒有太大的差異。由中央皇城到省城，再由省城而府城、而縣城，構成了完整的行政金字塔，而實際上串連大大小小城池之間的，就是「官道」，其中交通特別繁忙的，又被特化為「驛道」。這些道路是帝國的血脈，如果血脈不通，將直接威脅到帝國的生命！

　　既然「官道」是血脈，其間輸送的，當然就是維持帝國生命的要素。這些維生的要素，在平時是公文信函、稅收、糧食與貨幣，戰時則是大軍與糧草。比較重要的「官道」，會被特別建立成「驛道」。「驛道」沿路有軍隊把守，每隔一段距離，就設有吃飯、休息、住宿的場所，配置專責的人員、馬匹，負責維護驛道的暢通。傳說中楊貴妃愛吃荔枝，廣東地方清晨摘下來的荔枝，用快馬走驛道送到長安，露水都還沒乾呢！這種誇大的傳說，正反映了「驛道」的便捷。

人走出來的縱貫道

作為地表上的實體,「縱貫道」只是一條簡陋的路跡,不時偏移、改道,
甚至埋沒,看起來一點也不起眼。

　　清代的「道路」,在具體的外觀上和結構上,和現代有著極大的差異。以現
代的道路舉例說明:道路最基本的結構,包括路基、鋪面,以及交通輔助設施。
首先最顯而易見的差異就是「鋪面」。一般人在描述道路時,首先注意到的其實
是鋪面,例如「柏油路」一詞,就意涵了以「鋪面」來區分道路種類的一種想法。
鋪面的種類,一般常見的有:柏油、水泥、石子、泥土等。在今日台灣,最普遍
的要算是柏油路面了,從高速公路到街道巷弄,觸目所及,比比皆是。水泥路面
在台灣較少使用,因為它比較硬,對於行車舒適度的影響較大;也正因為它堅硬
的特質,所以高速公路收費站前後,也就是所有車輛都同時減速或加速的路段,
都使用水泥鋪面,以抵抗車輪對路面的推擠和壓迫。石子路面目前只有在鄉下或
交通流量極為稀少的地方才存在,在都市中幾乎已經絕跡了。至於泥土路面的道
路,與其說它的鋪面是「泥土」,還不如說它根本沒有鋪面,以一般人的觀點來
看,可能根本不把泥土路當作道路來看。很不幸的,清代的台灣縱貫道,百分之
九十以上的路段正是這種以現代的角度來看根本不是道路的「道路」。

　　其次,在道路的鋪面覆蓋之下,才是道路的主要結構——「路基」。路基不
太會被一般人注意到。所謂「蓋」馬路並不只是「鋪」柏油就完事了,鋪面只是最
後一道手續,真正大費周章的其實是構築路基。包括挖方、填方、石碴、級配
等,都是路基工程的一部分。二十世紀道路交通的突飛猛進,多半根基於路基結
構和施工方法的進步。路基的構造常常只有在災變之後才會被一般人看到,例如
坍方、掏空,都是台灣常見的路基毀損的情形。而清代的「道路」,事實上根本

左圖：這是台北市近郊的一條
山路。從道路崩坍的傷口，正
好可以看出路基和鋪面的縱剖
結構。

右圖：這條產業道路的鋪面到
此為止，近端為水泥鋪面的終
點，再往前路基就裸露出來了。

是沒有路基的！用現代的觀點來看，沒有路基的道路，根本也就不是道路！這和
沒有翅膀的飛機、沒有輪子的汽車一樣好笑。不過，在漢人的用語裡面，有一個
字說得貼切，那就是「道」。「道」不一定限於實體的「馬路」，「道」是一種方法、
一種途徑。因此，清代這條縱貫台灣西部的交通路線，雖不能稱為「縱貫路」，
但卻一定是「縱貫道」。

　　作為地表上的實體，「縱貫道」只是一條簡陋的路跡，不時偏移、改道，甚
至埋沒，看起來一點也不起眼。但作為「解決方案」，「縱貫道」卻是唯一的南北
陸路交通辦法，從有文字紀錄的十七世紀開始，直到十九世紀末開始建築公路為
止，占據二百多年的首要地位！沒有路基的縱貫道，其實根本沒有固定的路線。
「縱貫道」雖不是由「路基」構成，但卻有「路跡」。所謂路是人「走」出來的，正
是這種情形的最佳寫照。路跡不是「構造物」，並非永久固著在地表上。往往一
陣大雨或風沙過後，小徑就被沖走或埋沒。不久之後，新的路跡又會被行人踏
出。新的路線不必然依循舊路，但也偏離不了多遠。

　　以現代一般人對「道路」一詞的認知來看，清代的台灣可以說完全沒有道路
存在。一八九五年日本剛占領台灣的時候，都異口同聲地發出驚嘆：「台灣沒有
道路！」當然，這是從一個有近代新觀念的人口中說出的話。如果清代的台灣真

的沒有道路，那麼人群怎麼移動，貨物怎麼運輸，軍隊怎麼調動，山裡的土匪怎麼到村莊裡打家劫舍呢？總不可能古代人都生有一對翅膀，可以在天空遨翔吧！清代的「道路」和現代的「道路」，不論在觀念上或實質上，都有天壤之別，千萬不要輕易地用現代人的觀點去設想古代。「想當然爾」往往是誤解歷史的最大兇手！

其實，「有人就有路」，這是毋庸置疑的。問題在於：路長得什麼樣子，是一望無際還是濃蔭密布？是爽朗乾淨還是泥濘汙穢？是寬闊還是狹隘？是平坦還是崎嶇？是只能走人還是兼能行車？是安全無虞的還是常有土匪擋道的？這些問題，都能幫助我們對清代的台灣有更多的了解。

沒有鋪面的道路，路基容易長草，一旦行人稀少，很快就會被埋沒。

昂貴的縱貫道造價

全台灣的官府和軍隊，就算不吃、不喝、不辦公、不做事，法定繳交省庫
的稅收也凍結下來，要整整兩年才能湊足縱貫道的工程費。

　　歷史上建築道路最有名的，要算是秦帝國和羅馬帝國了。秦和羅馬之所以
有這樣的魄力，原因在於他們有強大的中央權力（武力）為後盾，能夠集中廣大
領土內的資源和財富，藉以建築橋梁、鋪設道路。換句話說，建造道路的工程太
過浩大、成本太過高昂，沒有絕對的權力和財富，是沒有辦法完成這些壯舉的。

　　秦帝國的創舉，最有名的就是「書同文」和「車同軌」。即使相隔二千年，我
們仍能輕易理解「書同文」的意義和重要性，但卻少有人瞭解「車同軌」的道理何
在？「車同軌」怎能和「書同文」相提並論呢？

這是一條「軌道板」
道路，左右兩道堅硬
的路面，正好可以承
受車輪的輾壓。

「車同軌」的意義，其實就是統一各地車軸的寬度。車軸的寬度統一了，所有車輛左右輪之間的距離就都一樣了。如此一來，秦國所建的「驛道」才能暢通無阻。因為「鋪路」的成本太過高昂了，不可能把整個路面鋪滿石條或磚頭。在所有車輛軌距相同的前提下，只要鋪設兩條長條狀的鋪面就好了。透過驛道的連結，中央才能將統治力和武力貫徹到各地，同時也才能將各地的資源和財富送往中央。對帝國的生命而言，「車同軌」甚至比「書同文」還要重要！

還好這塊「東門義路」石碑保存至今，我們今天才得以計算清代造路的各項成本。

鋪路的成本高昂，不僅在二千年前的秦帝國這樣；到了二百年前的清代，依然如故。鋪路的成本，除了行政費用和雜項以外，最主要的開銷有兩種：人工和材料。不管是人工還是材料，台灣島上的行情都比中國內地高出許多。

道光十九年（1839），大甲城內鋪設了一條短短十六丈的道路，藉以聯絡東門和西門之間。這個小規模的道路工程，除了行政管理和雜項支出不計，總計花費九十五元。其中包括鋪面磚二十二元，整路工資五十二元，雜費二十一元。此外，為了豎立石碑，又花了十四元。完工之後，這條道路被命名為「東門義路」。

「東門義路」長十六丈，寬五尺。大甲城內的紳民，也不過作了這麼小的一個工程，便立碑大書特書，歌功頌德一番。不過，也正因為有石碑保存至今，提供了我們一份鋪路的成本清單。如果以路寬五尺為標準，鋪面每丈成本五‧九三七五元，換算每里就要一〇六八‧七五元。如果連鋪面都省去，光是整地夯實，每里也要八二一‧七五元。如果以這種價位計算，就算縱貫道按照無鋪面的最低標準來施工，台北台南間長達四百五十里的路途，就須花費三十七萬元。

當然，用這麼小的工程來推算整條縱貫道的造價，會有蠻大的誤差。且看另外一個例子。道光年間建築新竹城的時候，曾經改造城內道路。根據當時結案的報告書換算，每里路的造價只有一百六十元，折算整條縱貫道的造價只要七‧二萬元。這個例子的價錢便宜許多，主要是因為新竹縣城的物價比大甲低廉太多，特別是工資！

　　以上估計的價錢，是不計算橋梁和渡口的造價的，也不考慮山坡路段所需挖填土方的花費。此外，勞工和材料的供應地在大都市，因此郊區在施工的時候，還要增加材料運費和勞工的旅費。試想：當郊區在施工的時候，光是工人的伙食、住宿問題，就會使成本飆漲多少了。更嚴重的問題是，這些錢還不包括收購土地的費用。事實上，縱貫道從清水以南的路段，整整有二百多里都穿越田園，因此收購土地的費用是不可能避免的！

　　排除掉一切浮增的開銷，鋪設一條最陽春的縱貫道，就必須花費數十萬元。以台灣島官府的歲入來說吧！根據一八一九年度的資料，全台灣府的歲入總額是稻穀十八萬八千石、銀一萬四千兩。以官價換算，每石稻穀〇・八元、每兩銀子折合一・三九元，全台灣歲收總額共約十七萬元。換句話說，全台灣的官府和軍隊，就算不吃、不喝、不辦公、不做事，法定繳交省庫的稅收也凍結下來，要整整兩年才能湊足縱貫道的工程費。

　　算帳算完了。結論是：對於清代的政府來說，要蓋一條寬僅五尺，連鋪面都沒有的縱貫道，根本是個不可能的任務。寬五尺的路，大約就是一・八公尺左右，根本不可能行車，因此也沒有「車同軌」的問題了。這便是縱貫道的宿命：它沒有任何施工，完全是條人「走」出來的路！

縱貫道只要能讓行人、挑夫、轎子通過，沒有行車的需求。因此寬度一、二公尺便足夠了。

縱貫道只是小徑

縱貫道南起枋寮、北抵雞籠，貫串台灣西部的所有縣治和陸軍營區。
這麼重要的一條道路，在地表上所呈現的樣貌，卻和一旁的田間小路
沒什麼分別，甚至有時還更糟糕。

　　並非所有的道路都是官道，官道也未必就是路況最好、路面最寬的道路。
如果我們從經濟的觀點來看台灣島內的交通，則縱貫道就不一定是最重要的道路
了。縱貫道上的旅行方式，主要還是以徒步為主。因此縱貫道只要能夠讓人步行
通過就好。即使要運送貨物或軍需品，也只是靠肩挑、背負即可。若是遇到河川
阻隔，水淺的涉水而過，水深的船筏以濟。比較有錢的人僱轎上路，也不過是用
別人的腳來取代自己的腳，依然是一種步行。
　　縱貫道南起枋寮、北抵雞籠，貫串台灣西部的所有縣治和陸軍營區。這麼重

這張照片雖然是在東海岸
所拍攝的，但剛好可以
說明台灣原始的交通狀
態。圖中有一台汽車正在
通過的是道路，沿著山坡
開闢；清代縱貫道便是如
此。另一方面，牛車對
道路的傷害太大，而且難
以爬坡，因此常常行走沙
灘。在這張照片中，沙灘
上牛車的轍痕清晰可辨。

要的一條道路，在地表上所呈現的樣貌，卻和一旁的田間小路沒什麼分別，甚至有時還更糟糕。其實，田間小路因為要運輸農產品，往往具有通行牛車的規模。反之，縱貫道主要是步道，許多路段都不能行走車輛。因此，就道路的規模而言，縱貫道常常連田間小路都不如。從在地居民的眼中看來，縱貫道可能只是村莊內眾多道路的一條，不具有獨特的意義。

　　縱貫道既不寬、也不直，更非坦蕩蕩，但卻一點兒也不影響其重要性。關鍵的原因在於：縱貫道多運「細軟」，鄉野道則運「粗重」。「細軟」由行人夾帶，粗重則需車牛曳挽。因此，縱貫道僅供人行便可，鄉野道卻必須兼容牛車。所謂的「細軟」，就是重量輕、體積小，但價值和重要性卻很高的東西，例如公文、信函、行李、高單價的商品等。所謂的「粗重」，則是體積大又沉重，價值和重要性都比較低的東西，像稻穀、甘蔗等農產品便是。在縱貫道上流通的貨品，必屬「細軟」，唯一的例外是發生戰爭的時候，笨重的軍需食糧和輜重才會通過縱貫道。不過，這種情形很少發生。

這是清代最常見的牛車形制。牛車車輪係由木板拼接成圓形，輪徑很大，但與道路的接觸面很窄，全車的重力都聚集到這小小的接觸面，因此車輪有如利刃，對路面的傷害非常嚴重。

縱貫道和鄉野道還有一項主要的差異：它們的「走向」不同！縱貫道呈南北走向，比較重要的鄉野道則多半是東西走向。南北向的路途長，東西向的路途短。縱貫道之所以走向南北，是因為政府機關和軍營呈南北向排列。反之，地區性的重要道路卻以東西走向為主，而且往往就是從海口通往內地大市鎮的道路。

為什麼粗重的東西不走縱貫道呢？原因很簡單：因為貨物一旦笨重，運輸成本就高，所以廉價而笨重的貨品是禁不起長途運輸的。以稻穀為例，本地出產的稻穀最好不必運送，直接供應本地人消費就好。這樣買主不必花高價，賣主利潤也不薄。然而，像都市這樣人口密集的地方，

樟腦是質輕價昂的貨品。為了減低風險，貨主通常選擇用人力由陸路運輸。

自己又不生產稻穀，就非得從外地輸入糧食了。這些米穀絕對不會經由縱貫道來輸送，而是採取水路運輸。因為稻穀如果用陸運的話，光是運費就比其本身的價格高好幾倍了，當然不會有人做這種傻事。於是，當粗笨的貨物非得作南北向的輸送時，一定得採取水路，否則乾脆丟掉算了！這也就是為什麼當時中南部過剩的稻米，清一色銷往福建；而台灣北部卻從中國江、浙沿海進口稻米的原因了。

除了稻穀之外，一般貨物的運送，主要也是往來於港口與市場，或者產地與工場之間。貨物搬運的方式，要考慮產地環境、運送距離、運送成本而定。例如南部生產的糖，其原料甘蔗非常笨重，不可能用人挑運，一定得用牛車運送到工廠去。而完工的成品糖，則多半從工廠運到距離最近的河邊，再利用竹筏送到出海口。這個海口如果不是合法的貿易港，還得再換小船，沿著海岸線航行到安平或鹿港等合法的通關港，才能轉裝到海船上出口。

雖然水運的成本較陸運低廉許多，但風險卻比較大。因此，質輕價昂的東

西，多半就採取陸運了。例如苗栗山區生產的樟腦，要運送到淡水港出口，多半都是走陸路，由苦力全程挑運。雖說先從山地挑到後龍、新竹等海口，然後換裝小船運到淡水，的確可以降低運費；但考慮到樟腦的單價很高，禁不起風水災害的侵襲，貨主則寧可採取比較保險的陸運方式。此外，高價值的商品從安平或鹿港進口後，也不會採用迂迴的水路運輸，而是直接由商人夾帶，經由陸路運往內陸的消費市場。

在這個交通發達的時代，我們已經很難想像兩、三百年前的運輸方式了。當時運輸是相當大的困難，為達到貨暢其流的目的，必須同時考慮好幾種途徑。就路線的選取而言，必須通盤考慮成本、風險、天候，甚至有時還藉助占卜來決定。就交通工具的選擇來說，可以用肩挑、牛車、竹筏、舢舨等，而最常見的還是各種方式混合。各種貨物的流動方向大致不變，決定了各種流向的主要運輸工具。為了適應各種運輸工具，道路的特性也確定下來。所謂道路的特性，包含了寬度、坡度、路面，是否能跨越水流等。

縱貫道上沒有粗重廉價的貨物通過，不必為了通行牛車，而去建築寬闊的路面。路線儘可迂折，不必考慮牛車的轉彎半徑。可以容許陡坡，不必考慮牛隻的體力極限。可以有階梯，不必考慮車輪過不過得去。遇到圳道和水溝，只要架設輕薄的橋板，甚至並排幾根竹竿就好，不必擔心被牛車壓斷。遇到寬闊的河流，竹筏便能渡載行人及轎子，不必考慮牛車。事實上，即使有載得動牛車的大船，也會因為吃水過深而擱淺，根本無濟於事。因此，縱貫道不必坦蕩蕩，大可迂迴、陡峭、路面濕滑，也無損她的英名。

縮地有術

縱貫道的長度

從十七世紀到十九世紀，北起基隆南至枋寮的縱貫道，從二七三五里銳減
為六百五十里，剩下不到四分之一，可謂是「縮地有術」了！

　　清代縱貫道全線，總共有多少里呢？這是一個看似簡單，其實複雜的大問
題。以現代人的觀點而言，二地之間的距離是完全客觀的，以標準化的長度單位
和數目來表示。這種觀念的前提有二：一是二地之間的距離曾經精確丈量，二是
採用標準化的度量單位。在清代的台灣，以上兩個前提都不成立！各地之間的距
離並未真的丈量過，事實上就算經過丈量，也因為沒有統一的度量衡，無法得知
實際的距離。然而，縱貫道上的里程數，卻是有明明白白的數據可以考究的。

　　中國自古傳說有一種神駒，能夠「日行千里、夜行五百」，因此被稱為「千里
馬」。事實上，普通的馬能跑個四、五百里，就算非常了不起了。至於一般人的
雙腿，一天只能走一百里。「千里馬」一個晝間能夠跑一千里，相當於步行的十
倍，的確算得上是「神」駒！

　　一百里有多遠呢？它和現代通行的「公里」、「公尺」應該如何換算，並沒有
簡單的答案。事實上，在二十世紀以前，不管是在中國內地或者台灣，各地的度
量衡單位都不統一。甲地一里和乙地一里，長度可能不同，甚至誤差超過百分之
五十。雖然官方一直有公定的長度標準，但民間卻不採用，可以說是「放諸四海
皆不準」的。早在秦始皇時代就推行的統一度量衡政策，二千年來都無法貫徹；
「書同文、車同軌」的目標，始終是個遙不可及的夢想。其實，對於古代人來說，
「統一」而「標準」的度量單位，不一定具有什麼意義。

　　在常用的長度單位中，「里」是最大的一種，其下依序細分為「丈」、「尺」、
「寸」、「分」。在日常生活中，不管是做衣服、蓋房子或者計算土地面積，丈以

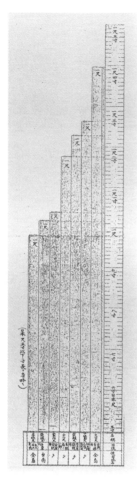

這是二十世紀初在台灣各地所收集到的尺，每支尺的長度（等於一尺）都不一樣，而且長短差異極為顯著。在各地標準尺長度不一的情形下，使用這些尺實地丈量出來的里數，也就沒有太大的意義了。

下的單位就夠用了。丈、尺、寸、分，彼此之間都遵守十進位的法則，也就是十分為一寸、十寸進一尺，十尺則相當於一丈。奇怪的是：從丈進位到里的時候，就不是依照簡單的十進位或百進位，而是以一百八十丈換算為一里。為什麼會發生這種情形呢？這就得從「里」的定義說起。

「里」最原始的定義，就是人步行一日距離的百分之一。換句話說，步行一日的距離定義為一百里。事實上，步行一日的遠近，還和路況的好壞、地形的難易有關，因此「里」的大小也具有強烈的「地方差異」。單位長度的參差不齊，在現代必定造成困擾，在古代反而很實用。我們不妨把「里」當作是一種「綜合性」的評量單位，它同時反映了路況、地形的難易程度，而非僅僅表示距離而已。

儘管各地「里」的大小不一，但還是得有一個公定的換算標準。早在周朝以前，就出現以三百步相當於一里的換算法則。這種籠統的計算方式，後來逐漸發展成以一百八十丈換算一里的公定標準。台灣的漢人社會，在十七世紀逐漸成形。對於距離的計算方式，也就因循中國的這套老規矩。

漢人剛來到台灣的時候，主要集中在台南附近的平原，嘉義以北、高雄以南的地區，都還是人煙稀少，縱貫道通往這些地區的路段，也尚未通暢。依據當時人的估計，台灣府城距離南端鵝鑾鼻有五百三十里，距離北端的雞籠更長達二三一五里，台灣全島南北總長二八四五里。如果以中國內地通行的換算標準，大約相當於一千五百公里。事實上台灣島的長度不過五百公里之譜，十七世紀的人之所以會高估三倍，主要原因有二。第一：當時縱貫路況太差，許多地方連路都沒有，因此行進遲緩，里數自然高估。第二：縱貫路徑迂迴，虛耗許多不必要的腳程。

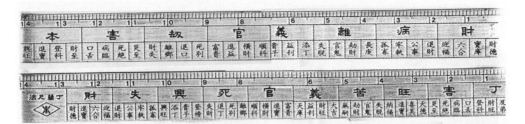

在清代，不僅每個地方的尺不一樣長；即使在同一地點，不同用途的尺也不一樣長。營造用的「魯班尺」、裁縫用的「布尺」，千奇百怪長短不一。其中魯班尺往往被官方採用為標準。各地間的里程「理論上」也是以魯班尺為基準的。圖中的魯班尺，除了丈量的功用之外，還能提供斟酌吉凶的尺度。

　　由於里數並非客觀的距離單位，而是路況、地形的綜合指數，因此縱貫道的里程，也就會因為路況的改善而降低。以台南到台北為例，康熙初年清朝開始統治台灣的時候，必須行走一七七五里。經過半個世紀，到了雍正末年縱貫道全線暢通時，里程數便迅速降為四百五十里。此後直到十九世紀末，近兩百年間台北到台南始終維持在四百五十里的數字。

　　台灣各地間的里程數，不能單從客觀的距離來理解。早在清代的文獻中，就指出台灣各地里程數據並非實際丈量所得，而是依據經驗來估計，這種情形至少到台灣建省以後，都沒有改變。一八八九年台灣布政使曾經下達一項命令，要求所屬下級政府重新彙報「正確」的里程資料，作為行政和司法上的參考。換句話說，自從康熙二十三年（1684）清朝領有台灣之後，直到光緒十五年（1889）都還沒有較為可靠的里程資料，真是「海外奇聞」。

　　台灣島內里程之所以錯亂，根本上還是政治因素。由於清廷不希望在台灣擴大行政規模，因此台灣每個縣的轄區面積都超過內地的標準。為了遷就「一縣百里」的刻板標準，造成台南府城到嘉義縣城「必須算是」一百里，嘉義到彰化也「必須」比照一百里之數。事實上，不管是台南到嘉義，或者嘉義到彰化，都剛好是步行兩天的路程。因此「里」的標準長度就被放大兩倍，造成台灣島一里幾乎相當於內地二里的怪事。一八八九年台灣布政使的公文中，明確地指出「臺地所云一站，民間稱為五十里，官站實有百里」。顯然台灣習慣計量的道里數目，和中國內地相差足足二倍。中國內地「日行百里」的標準，到了台灣卻變成一天只能走五十里。

福建台灣布政使司為了業務上的需求，曾經要求台灣各縣政府重新調查道路的里程數。圖為布政使司關防。

　　十九世紀末，日本人在台灣推行現代標準度量衡制度前夕，縱貫道從基隆到枋寮六百五十里，必須花費十三天才能走完。從台灣頭走到台灣尾，依序是：基隆（五十里）→台北（一百里）→新竹（一百里）→大甲（五十里）→彰化（一百里）→嘉義（一百里）→台南（八十里）→鳳山（七十里）→枋寮。

　　從十七世紀到十九世紀，北起基隆南至枋寮的縱貫道，從二七三五里銳減為六百五十里，剩下不到四分之一，可謂是「縮地有術」了！

第二章

雛形創立——
十七世紀的縱貫道

統治者的針與線

中國皇帝手上的版圖，好像一盒散失了的拼圖，從來無法拼湊完整，
而是像漁網一樣坑坑洞洞的。

　　縱貫道是清帝國統治台灣的重要憑藉，她好比統治者的針線，將各處鬆散的
領土連綴起來。在現代運輸革命、通訊革命之前，世界上容或有「剛愎自用」的
政府，但沒有真正「集權專制」的政府。中國有句老話：「日出而作，日落而息；
帝力於我何有哉？」原因無他，政府的統治力，能夠從「點」狀的城鎮聚落，透過
少數重要交通路連成「線狀」網絡，但卻很難真正達到「面狀」的全面掌控。中國
皇帝手上的版圖，好像一盒散失了的拼圖，從來無法拼湊完整，而是像漁網一樣
坑坑洞洞的。

　　台灣到了十七世紀，才加入中國皇帝的統治拼圖中。對於清帝國來說，要拼
湊這幾片並不容易。一六八〇年代他放上了北起雲林，南至高屏的幾塊。彰化以
北幾塊要到一七三〇年代才勉強湊齊。一八一〇年代又嵌上宜蘭，一八七〇年代
開始拼貼花東和恆春半島。直到一八九五年將台灣割讓給日本，整個島嶼的外圈
平地只能說勉強完成了輪廓，至於中央的山地根本還是空洞一片。

　　要將鬆散的版塊緊緊聯繫，還得下一番苦工。屬於台灣島的這幾塊碎片中，
第一塊是台灣縣，也就是今天的台南地方，藉由安平港口和早已穩固的大陸版塊
聯繫在一起。安平是十七世紀台灣唯一的合法港口，台灣府的一切政治、經濟事
務，全部都要透過安平和內地的廈門溝通。有了廈門到安平的這條「緯線」（海
路），台灣府所在的這片版塊，才不會從中國的大版塊邊緣漂走。以台灣府所在
的這第一片版片為基礎，清帝國又用一條「經線」（陸路）貫串其他的鳳山、諸羅
版塊，以免他們失聯。這條「經線」就是「縱貫道」。此後，每當清帝國新增加一

片版塊，這條線就必須跟著延長。隨著版塊數目的增加，帝國又從內地拋出兩條緯線，鉤住台灣的鹿港和八里，於是這兩個港口便成為新開放的合法出入港。另一方面，經線也向北延伸，從彰化往北，綴起新竹、艋舺，甚至以順時鐘方向倒勾，聯繫到宜蘭。

　　以一個縣為單位，清帝國製作了一片版塊。這片版塊非常易碎，而且它的形狀不規則，厚薄也不一致。要穩固地將版塊綴起，就需要好的針線功夫。「縱貫道」這條經線必須穿過版塊的重心，在這裡打個大結。其他經線經過的地方也多少要打幾個小結。至於縱貫道不通過的其他次要重心，則藉由幾條比較短的線（次要道路）接上縱貫道。

統治者的版圖，看起來有如百衲袍。正中央的城池是統治的中心，四周的村莊就像魚鱗一般一片一片綴起。

　　版片上最重要的中心地，自然就是城池了。因此，絕不會有一座城池能夠自外於縱貫道的聯繫，否則就會從清帝國的版圖中失墜。除了城池之外，哪些地方是次要的重心呢？港口、市鎮、大村莊是想當然爾的答案。不過，當時十七世紀帝國初領台灣的時候，漢人建立的雄莊巨鎮不多，統治的重心反倒是平埔族聚居的大社。很自然地，官府拿起針線，從台灣府出發向北，依著地理位置的順序，一針一線地在新港社（今台南新市）、灣裡社（今台南善化）、麻豆社（今台南麻豆）、哆囉嘓社（今台南東山），每個社穿線打結，最後在哆囉嘓社北邊的諸羅山社（今嘉義市）打一大結，建立諸羅縣城。從諸羅縣城出發，在打貓社（今嘉義民雄）、他里霧社（今雲林斗南）、斗六社（今雲林斗六）、西螺社（今雲林西螺）、東螺社（今彰化北斗）、大武郡社（今彰化社頭）各打一小結，最後總結於半線社（今彰化）。

　　另一方面，台灣府往南的針線功夫，呈現另一種邏輯。府城以南的地區，也就是今天高雄境內的平原地區，早在清帝國統治台灣以前，大部分的平埔族原住民已經遷徙，因此南路縱貫道便不會經過平埔族番社，而是一路平直往南，終結於鳳山縣城（今高雄左營）。出了鳳山縣城往東，渡過下淡水溪（今高屏溪）以後，抵達最南端的營區所在地下淡水（在今屏東萬丹境內）。

　　一六八四年清帝國將台灣納入版圖，他們在先前荷蘭人、鄭家政權的基礎之上，完全沿襲既有的配置，建立起一府三縣的文治規模，以及一萬名兵力的「台灣鎮」部隊。貫串其間的這條經線，便是縱貫道。府城以北的縱貫道通往諸羅縣治，並且繼續延伸，以最北的營區所在地「半線」（今彰化市）為終點。府城以南的縱貫道則通往鳳山縣治，南端則以最偏遠的下淡水營區為終點。就這樣，彰化以南、下淡水以北的官道，便與清帝國的統治政權，同時在一六八四年開張。

南路與北路的雛形

在清代，縱貫道上沒有「北上」或「南下」的差異，
只有「北路」與「南路」的分別。

　　今天我們所熟悉的「南下北上」觀念，在清代是行不通的。「南下北上」的觀念，隱含著以台北為中心的思維基調。台北躍升全台中心地位，是十九世紀末的事情。一六八四年縱貫道剛剛建立的時候，台灣島的首府位於台南。從大陸來到台灣的人，絕大部分都是在安平港上岸，隨後進入台灣府城。縱貫道上的旅途，幾乎都是以台南為起點。更何況府城是台灣全島的政治中樞，就官道的觀念來說，也應該是以台南地方為中心。因此在清代，縱貫道上沒有「北上」或「南下」的差異，只有「北路」與「南路」的分別。

台南大南門原是南路縱貫道的起點。一九○○年建築的鐵路，從大南門東側穿牆而過，象徵了鐵路時代即將來臨。這張照片拍完不久，台南府城牆就全部拆除了。

　　以台南為中心，以北的縱貫道稱為「北路」，以南稱為「南路」。事實上，「北路」與「南路」本來不是專有名詞，而只是一般用語。光講「北路」無法清楚指明對象，應該要指出是那個縣（府、省）的「北路」。以嘉義到台南之間的路段為例，這段路可以視為台灣縣（以台南為中心）的北路，但對諸羅縣（以嘉義為中心）而言卻反而是南路。不過因為當時台灣島上只有一個府城，府下所轄的鳳山、台灣、諸羅三縣，甚至後來陸續增設的彰化、淡水等，都位於同一條南北向的縱貫道上，沒有東西並列的情形。對每個縣城而言，東西路除非通往海口，否則重要性不高，但南北路卻一定是通往鄰近縣城的大幹道。每個縣的南路和北路連綴起來，正是一條完整的縱貫道。因此，大家也就不再區分這是那個縣的南路、北路，而統一以台灣府城為準，府城以北的泛稱「北路」，以南的則為「南路」了。

　　「南路」縱貫道起自府城大南門，東南向直通下埤頭（今高雄鳳山市），並未通達興隆里縣治（今高雄左營）。若要前往縣治，必需在赤山仔（今高雄楠梓附近）岔出縱貫道，西南向前往興隆里。縱貫道自下埤頭（今高雄鳳山）往南，維持既有的東南走向，在赤山（今屏東新園鯉魚山）渡過下淡水溪，然後拐向正南方，前往下淡水巡檢駐箚地東港。東港以南雖然有路繼續通往「大崑麓」（今屏東枋寮附近）、「瑯嶠」（今屏東恆春），甚至島嶼盡頭的沙馬磯頭（今貓鼻頭），不過正式的官道只能算到東港為止。

半屏山是南路縱貫道上的顯著地標，預告著即將抵達鳳山縣城。

從康熙年間繪製的台灣地圖，可以看到南路只到枋寮為止。枋寮以南的恆春半島完全沒有繪出，只用中央山脈的盡頭一筆帶過。

　　至於北路，諸羅縣治設在佳里興（今台南佳里鎮內）。剛開始的時候，縱貫道並非由府城直接通往正北方的佳里興，而是以逆時鐘方向繞一大圈，先經新港社（今台南新市）、目加溜灣社（今台南善化），然後轉向西北經麻豆社（今台南麻豆）抵達佳里興。縱貫道不採取直線捷徑的走法，正好凸顯出北路縱貫道的最大特色，也就是遷就平埔番社社址，採取「番社連線」的之字型走法。從府城至佳里興的官道，為了就近徵調番人的勞役，因此必須採取「新港社→目加溜灣社→麻豆社→佳里興」這樣的迂迴路線。

　　北路縣治雖然設在佳里興，但是最北部隊設在半線（今彰化市），因此官道還必須向北延伸。這條通往半線的道路，自麻豆社（今台南麻豆）北上、經諸羅山社（今嘉義市）、打貓社（今嘉義民雄）、他里霧社（今雲林斗南）、斗六社（今雲林斗六）、西螺社（今雲林西螺）、東螺社（今彰化北斗）、大武郡社（今彰化社頭），最後抵達半線社，這便是北路最原始的縱貫路線。這條路線連接近山一帶大部分的熟番社，也連接了北路營大部分的營區所在地。半線千總的轄區，向北越過大肚溪，僅涵蓋了大肚社（今台中大肚）的範圍。大肚以北的沙轆社（今台中沙鹿）、牛罵社（今台中清水），以及更北方直到島嶼盡頭的所有番社，都不屬於官方直接統治的範圍，因此北路官道正式的終點只能算到彰化。彰化以北到沙鹿、清水的路段，勉強算是官府直接統轄的範圍。而緊鄰著清水北邊的大甲溪，便是「北路」最遠的邊界了。

康熙年間北路的盡頭止於「半線營盤」（圖中央方型圍牆內），也就是今天彰化市的所在地。

　　展開今日的地圖，聰明的讀者很容易發現：以上所說的縱貫道路線，和今天的縱貫省道台一線，路線絕大部分重疊！其實，今天的縱貫省道許多路段，曾經為了遷就工程或經費的因素，在二十世紀間多次改道。如果用二十世紀初，也就是近代工程施工前的路線來比對，則和十七世紀的縱貫道幾乎完全吻合。縱貫道路線的形成並非偶然，北路是平埔番社的連線，而南路則依循屯墾兵團的腳步前進。

平埔番社連連看

北路的誕生

北路縱貫道的誕生，可以說就是由平埔族的番社來決定的。

彰化到台南，是北路縱貫道最早成型的一段。這段路線從現代的地圖上看來，好像非常合理，因為她將南北向主要的大型城鎮貫串起來。從彰化以南，分別有員林、斗六、斗南、嘉義、新營、台南。大城鎮間當然要有交通幹道加以聯絡，這是想當然爾的事情。不過，為什麼今天中南部平原上幾個最大的城鎮，剛好都呈南北一線排列呢？難道只不過是巧合嗎？還是其中暗藏玄機？

縱貫道的路線是有道理的。事實上，縱貫道是先城鎮而存在，而非這些都市有了規模，再用一條路將他們聯絡起來。講得更明白一點，許多大城鎮都因為縱貫道通過而興起，更有許多輝煌一時的城鎮因縱貫道改線而沒落，甚至完全消失。

縱貫道決定彰化以南有哪些大城鎮，那麼又是誰決定縱貫道要通過哪裡呢？答案是：「平埔番社」！事實上，一六八四年縱貫道誕生的時候，整條「北路」的路線，就是用一個一個番社串連起來的。在當時，彰化平原和嘉南平原上，漢人村落不多，卻有

平埔族的聚居地稱為「社」。用一條線把南北向的各個番社連起來，北路於是有了雛形。

許多平埔番社。平埔族是當時台灣府以北官府主要的統治對象。因此，為官府需要而量身訂作的縱貫道，就和平埔番社脫不了關係。雖然平埔番社在十八世紀以後人口萎縮，甚至轉徙流亡；但正是同一時候，漢人在番社的原址上發展出的街市和聚落，成為今天大城鎮的前身。

我們以彰化市為起點，沿著縱貫道逐一核對，可以證明以上的說法。首先，「半線社」變成了今天的彰化市，在清代的二百年之間，她是中台灣的政治和經濟中心。其次，「大武郡社」變成今天的社頭鄉，社口縱貫道上的「枋橋頭街」曾經繁榮一時，後來因為縱貫道截彎取直而沒落。「東螺社」後來發展成東螺街，十九世紀初被洪水沖毀後，重建新街，取名為「北斗」。二十世紀初縱貫鐵路完工通車，因為濁水溪橋梁工程問題放棄北斗，北斗因此沒落，但至今仍不失區域中心城鎮的地位。

大武郡社是斗六和彰化之間縱貫道上的大站。照片上這所舊社國小，位於彰化縣社頭鄉的舊社村，也就是大武郡社的原址所在。

今天默默無聞的「枋橋頭」，即使是當地居民，也不知道這兒原本是縱貫道上的重要據點。由於位居要衝，因此枋橋頭村的媽祖廟就成為附近「七十二庄」總廟，至今仍香火鼎盛。

渡過濁水溪，進入嘉南平原。「西螺社」後來成為西螺街，名稱至今未改。她也是因為鐵路改線而沒落的城鎮。「斗六社」發展成斗六街，在清代一直是嘉義彰化間最大的中繼城市，今天則是雲林縣治所在。南邊不遠的「斗南社」，同樣也轉變成漢人的街市，至今仍為雲林縣境內第二大城鎮。斗南南方的「打貓社」，是縱貫道上少數沒有「坐大」的平埔番社。在清代雖然也形成街市，但後來交通發達以後，因為距離嘉義市太近，無法發展成區域中心，一九二〇年改名為民雄。今天若不是中正大學設校於此，恐怕一般人還沒聽過她呢！

「打貓社」以南，渡過牛稠溪（今朴子溪），很快就到嘉義市了。鄭家王朝統治台灣時，選定「諸羅山社」為重要的軍事要衝，在此建立軍營。一六八四年清廷繼承鄭家的政權，也因襲舊規，把這裡規劃為府城北路的縣治所在地。於是，建立在「諸羅山社」的縣，便命名為「諸羅」。直到一百年後才因為林爽文之亂改名「嘉義」。打從十七世紀中開始，歷經三百五十個寒暑，至今嘉義仍為地區最重要的中心城市。

嘉義以南，縱貫道為了屈就「哆囉嘓社」址，沿著東方山腳南下。「哆囉嘓社」就是今天台南市東山區區治所在地，以「東山鴨頭」聞名。其實這個村莊的

名字一直是「番社」,在一九二○年因為名稱「不雅」,才被冠上一個天外飛來的「東山」之名。縱貫道從諸羅山社到麻豆社之間,足足超過一天的路程,中間沒有平埔番社。由於平埔番是縱貫道勞役的來源,因此縱貫道只好迂迴,先前往靠山的「哆囉嘓社」,再拐向靠海的「麻豆社」。十八世紀以後,漢人村莊漸趨繁盛,官府也不再事事依賴平埔番的勞役,這段縱貫路線才打直,從「哆囉嘓社」向西偏移至「下茄苳」(在今台南後壁)。在二十世紀以前的兩百年間,「下茄苳」一直是嘉義和台南間最大的軍事重地,也是富庶的商街。二十世紀初鐵路在「下茄苳」附近的荒涼村落「新營」設站,如今新營已成為小有規模的城市,一旁的「下茄苳」則反而不為人知了。

　　新營以南,縱貫道依序經過「麻豆社」、「灣裡社」、「新港社」,最後抵達府城。這幾個番社在十七世紀中,囊括赫赫有名的「四大社」其中之三。「麻豆社」正是今天的麻豆鎮,而「灣裡社」是善化鎮、「新港社」是新市鄉。縱貫道在「灣裡社」和「新港社」之間的路段,剛好通過今天「南部科學園區」的範圍。

　　十七世紀原始的縱貫路線,南路平直,北路迂折。之字形迂折的原因,是為了遷就平埔番社。有趣的是,當平埔番社沒落之際,同樣地點卻有漢人街市興起。原始的縱貫道因為依賴番社,不得不如此曲折。當縱貫道不依賴番社時,新的街市也已經在縱貫道上長成,縱貫道為了遷就這些街市,又沒有機會調整路線。清代二百多年的時間中,縱貫道只有少數路段曾經改道,而且規模都不大。特別是彰化以南平原地區的縱貫道,異動幅度更是少之又少!

　　以上我們已經將北路縱貫道上的所有番社,一個也不漏地檢查過了。光從名稱上可能無法立即察覺,但是若我們把實際座落的位址點出,就會發現這段路上稍微有規模的大城鎮,全部都和平埔番社脫離不了關係。唯一的例外恐怕只有「員林」罷了!北路縱貫道的誕生,可以說就是由平埔族的番社來決定的。

屯墾區的連線

南路的誕生

在台灣府和鳳山縣城之間，屯墾的重鎮彼此南北排成一線。很自然地，
這些地點的連線就成為「南路」的雛形。

　　台灣府以南的縱貫道，和平埔番社的關係不大。為什麼「北路」和「南路」會
呈現截然不同的風貌呢？這還得從十七世紀的歷史背景講起。

　　漢人來自海峽對岸，他們在台灣登陸之後，首先在港口建立基地，然後才逐
步往內陸拓展。當時最熱鬧的港口是「大員」港（今台南安平），這也就是「台灣」
（閩南音同「大員」）名稱的由來。荷蘭人在大員港岸上建立商務中心，後來的鄭
家政權、清帝國，都以這裡為統治的起點。大員港的北方和南方，還有許多港
口，處處可以上岸。因此，在一六八四年清帝國規定安平為唯一合法海港前，北
方的「魍港」（今台南七股、北門一帶海岸）和南方的「蟯港」（今高雄茄萣、永安
一帶海岸）、「萬丹港」（今左營軍港）、「打狗港」（今高雄港）等處，全都通行無
阻。

　　台灣府以北的腹地，也就是今天我們通稱的「嘉南平原」，是一片遼闊未墾
的大地。對於開墾者來說，平原東側接近水源，適合農業拓荒。平原西側近海之
地則水源不足，而且土壤貧瘠。因港口距離農墾重地較遠，必須有適合航行的水
道才能上溯內地。在海路不方便的前提之下，北路縱貫道具有獨特的重要性。

　　南路的情形剛好相反。從台灣府往南到鳳山縣城之間，平原呈南北向狹長形
分布。即使是最靠近東邊山腳的地方，離海都不遠。而且，這一段海岸潟湖極為
發達，漢人的舢舨和竹筏從大員港往南，可以穿越「蟯港」、「竹仔港」（今台南
永安）、直抵鳳山城下的「萬丹港」，全程行走潟湖，完全不必「出」海。加上有
沙洲這種「天然防波堤」的保護，根本不會受到海浪的衝擊。這麼方便的水路交

通，使得南路縱貫道相形失色。

　　水運雖然有成本低、運輸量大的優勢，但終究無法完全取代陸路。南路縱貫道原始的路線，在鄭氏王朝的時代成形。鄭氏王朝的政府規模並不完整，仍然不脫軍事組織的色彩。為了解決軍糧的問題，命令各部隊自行屯墾，就地取糧。台灣府以南到鳳山之間，南北向並列了好幾個大墾區。這些墾區的中心，其實也就是武力的重鎮。當清帝國於一六八四年打下台灣時，漢人在南路的開闢已經卓然有成，平埔族早已遷徙離去。既然沒有平埔族番社，「南路」就不可能像「北路」那樣，以番社連綴成官道。相反地，「南路」的原始路線，則是屯墾中心的連線。在台灣府和鳳山縣城之間，屯墾的重鎮有「康蓬林」、「石井」和「觀音山」等處，彼此南北排成一線。很自然地，這些地點的連線就成為「南路」的雛形。

　　一六八四年清帝國政權建立之後，南路軍亦完全沿襲過去的傳統，在屯墾區的中心地點紮營駐守，於是從府城出發，經由「康蓬林」、「石井」、「觀音山」以至於鳳山縣城的南路官道，儼然成形。不過，這條折線稍嫌曲折，對官兵或行旅

這種簡易的竹橋，不必花費太多成本，大水來了就讓它漂走，等到水退了再搭一座新的也無妨。

來說都不方便。很快地，筆直的新官道就出現了。新官道上距離舊屯墾區最近的地點，成為重要的叉路口，逐漸發展成街市。「康蓬林」通往縱貫道的路口形成「大湖街」（今高雄湖內），「石井」路口成為「阿公店街」（今高雄岡山）、「觀音山」路口成為「楠梓街」（今高雄楠梓）。這種局勢，在十七世紀末就完全底定，一直延續到一八九五年日本統治台灣，甚至延續到今天，三百多年沒有改變。和北路比起來，南路縱貫道的路線要穩定多了。

　　除了路線穩定之外，南路的路況也比北路好，主要有兩個原因，一是溪流平緩，二是水道通暢，都和水脫不了關係。首先，府城到鳳山縣城之間，最大的一條河流是「二層行溪」（今二仁溪），水量不大，水勢平緩。在冬天的時候，往往乾涸見底。因此在地居民都會建築竹橋，以利行旅。這種竹橋表面用草泥覆蓋，有些甚至還禁得起牛車的重壓呢。雖然每年到了春夏之交，竹橋會被第一次的洪水沖走，直到秋末才再重建。但和北路比起來，這種路況已經是很好的了。除了二層行溪之外，第二大河「濁水溪」（今名阿公店溪，或稱岡山溪）水量也很小，架設簡易竹橋也不成問題。事實上，府城到鳳山縣城之間，在枯水期的時候，大小溪流水溝都普遍建有竹橋的。

　　其次，南路縱貫道離海岸不遠，蟯港、竹仔港、濁水溪、萬丹港等水道皆可航行。沿岸潟湖內南北向行駛的竹筏和舢舨，可以任意駛入以上諸水道，很快就抵達縱貫道上的轉運碼頭，起貨上岸。因此，即使是笨重的五穀甘蔗，也可以透過便利的水陸聯運網絡，暢流不息。府城以南的官道，除了通往鳳山縣之外，也繼續向屏東地區延伸。從下埤頭（今高雄鳳山）往南，又會通過幾個平埔番社。在一六八四年的時候，從下埤頭出發，經竹橋庄（今高雄大寮），渡過下淡水溪抵達上淡水社（屏東萬丹）；這段路大致上是正東西向。抵達上淡水社後，道路轉為南北向，穿過下淡水社（今屏東新園）、力力社（今屏東崁頂）、茄藤社（今屏東南州）、放練社（今屏東林邊）以達枋寮。才不過十幾年，到了十七世紀末，縱貫道從下埤頭到枋寮的路段，已經「拉」成近乎直線了。

　　新的路線不再拘泥通過番社，原來迂迴貫穿五社的路線，現在只有經過二社了。其次，路線的變更，暗示了下淡水溪首要渡口的改變。先前在竹橋庄和上淡水社間過渡的習慣，此時則改成在打鹿潭（今高雄大寮）和赤山之間渡過下淡水溪。赤山今名鯉魚山，是一座仍能噴發的泥火山，矗立下淡水溪岸，是該地最顯

下淡水溪是南路第一大溪。其煙波浩瀚的美景，曾經贏得「淡溪泛月」的雅號，名列「鳳山八景」之一。由於河床寬闊，圖中下淡水溪鐵橋穩坐「台灣第一長橋」的寶座，直到一九五二年西螺大橋取而代之為止。

這就是「赤山」，海拔二十九公尺。清代沒有水泥樓房，她可是下淡水溪渡客的指標。在方圓數十里一片平疇之中，傲視群倫！

著的地標。從近代的地形圖上來看，這裡正好是河床最窄且最穩定的地方，一望無際的平野之上，又有赤山作為指標，是一處極佳的渡口。道路出赤山後前往新園，再經茄藤社、放緈社抵達枋寮。此後直到一八七五年恆春設縣以前，南路縱貫道便一直以枋寮為終點。

陸路難通、舟航莫及
彰化以北的交通概況

自半線以外，茫然千里，靡有窮極；無稠密之人居、有生番之異類。
徑道蜿蜒，必至窮月之力，始通於雞籠、淡水。

清朝治台初期，台灣府以北直到雞籠（今基隆）的廣大地區，以半線（今彰化）為界，區分為二塊截然不同的地區。半線以南的道路交通，在康熙年間已經逐漸形成三條主要的南北大道；至於半線以北，則只有唯一的一條南北向道路，這條道路在十七世紀中就已經有了雛形：

> 自朱羅山至水里社，皆地之東境。至此，乃折而西行三百里，至大
> 甲社。又西一百四十里，至房裏社。又西一百三十里，至吞霄社。……
> 自吞霄社折而西北一百三十里，至後籠社。又二十里，至新港仔。……
> 自新港仔北行四十里，至中港社；中港出焉。又北一百里，至竹塹社；
> 竹塹港出焉。又北二十里，至眩眩社。又北二百里，至南崁社；……。
> 折而東八十里，至八里分社，……又東過江十五里，至淡水城。

從以上的記述中，可以看出這條路線，基本上是靠著海岸前進，將一個個的番社連綴而成的。一六九四年郁永河所行走的路線，基本上也不脫此道：從半線出發後，經阿束社（今彰化和美中寮）、大肚社、大甲社、雙寮社（今台中大甲建興里）、宛里社、吞霄社、新港仔社（今苗栗後龍）、後壠社、中港社（今苗栗竹南）、竹塹社（今新竹市）、南崁社至八里坌社而抵淡水。這條路線沿途都是番社，沒有民莊。在當時官府的眼中，這裡可以說是界外之區：

> 偽鄭在臺，民人往來至半線而止。自歸版圖後，澹水等處亦從無人
> 蹤。故北路營汛，止大肚安設百總一名，領兵防守；沙轆、牛罵二社，
> 則為境外。

這是典型的中國式帆船，又稱為「戎克船」，唐山過台灣全得靠她。不過，在十九世紀西洋人的眼中，卻認為這種帆船破破爛爛，因此稱為「JUNK」，這就是「戎克」船名稱的由來。

　　從大肚以北到雞籠，雖然有著這樣的一條道路存在，但是它的路況還是很差，清初官員曾說：「自半線以外，茫然千里，靡有窮極；無稠密之人居、有生番之異類。徑道蜿蜒，必至窮月之力，始通於雞籠、淡水」，光是徒步旅行就已經如此困難了，更不用說還要運輸貨物。事實上南北向的運輸極少，而且主要藉由海運。貨物從各個番社運往海口，其中大甲西社、雙寮社、後壠社、竹塹社、南崁社、淡水社這幾個主要番社，都有各自相對應的港口，距離也都很近。以上這些主要番社，雖然都位在南北大道上，但是由於陸路交通太過困難，因此都是藉由附近的港口，以小船沿著海岸通往府城。當然，彼此間的往來也不頻繁，頂多一年幾次。如果海道不通，非得藉陸路運輸的話，將會勞師動眾，甚至引起叛亂。鄭氏王朝末年，為了在雞籠派兵，就曾因逆風當令、海運中斷，改用陸路運送軍需。陸路運輸需要消耗大量的人力，鄭氏乃徵調番人服役，導致番社集體叛亂，不久後鄭氏政權也滅亡了。

　　清朝於一六八四年開始統治台灣，起初也曾考慮在淡水、雞籠派兵駐守，但是由於交通問題無法解決，最後也沒有實行。當時台灣的軍隊主帥楊文魁的意見說：

　　　　如雞籠、淡水，迺臺郡北隅要區。緣窵隔郡治千有餘里。夏秋水

　　　　漲，陸路難通；冬春風屬，舟航莫及。兼之其地有番無民，虞輓運之維

　　　　艱。自闢土迄今，尚乏定議也。

　　楊文魁是第一任的台灣總兵，直到他離職的前夕，關於台灣北部淡水、雞籠一帶的建置問題尚未有定案。遲疑未決的原因在於「輓運維艱」，也就是交通問題無法解決。楊文魁說得很明白：台灣北路交通的困難，在於夏秋兩季只能藉由海運，因為陸路交通被溪流阻斷；冬春兩季北風司令，海船逆風不能開往北路，只能藉由陸運。其實不管是什麼季節，陸路從府城至雞籠長達兩千多里，即使沒

台灣西海岸從南到北有十數個港口，彼此之間也有海船往來。這些沿著海岸線行駛的船隻，分擔了部分南北向的貨物運輸。不過，這些所謂的「港口」，其實不過是海岸漂沙和陸地之間的狹窄水道，船隻必須等候滿潮才能駛入。一旦退潮，海船就擱淺在沙灘上，剛好可以讓牛車接近裝卸貨物。這種海運受到氣候、風向和潮汐的影響太大，是一種非常不保險的運輸方式。

雞籠嶼就是今天的和平島，也是北路最遙遠的終點。在十七世紀的時候，曾經去過雞籠的人不多，傳說那裡天氣很冷，甚至可以看到積雪。人們對於這種無稽之談信以為真，「雞籠積雪」竟因此名列「台灣八景」之一，甚至還畫下這幅「雞籠積雪」的想像圖。

有溪流阻礙，一樣曠日費時，緩不濟急。至於海路，雖然費時較少，然而海上風濤不定，海船時遭不測，又要受到季節風的影響，並非隨時可以通航。因此台灣北路的交通，的確是困難重重。

　　打從十七世紀中葉荷蘭人統治台灣的時代，從台灣南部的安平到北台灣的雞籠，雖然一直有一條「南北大道」存在，但是統治者實際掌控，並且駐兵防護的官道，最北只到彰化為止。彰化以北，漢人只有零星的分布。因為漢人人口不足，不可能收到足夠的賦稅，政府連經常性的開銷都沒有財源。因此，清朝官府只是名義上將中、北台灣畫入諸羅縣的領土，並且利用「通事」和「頭家」等仲介人，實行間接統治。因此，在十八世紀以前，縱貫道便以彰化（或大肚溪南岸）為北界，向南連接諸羅縣城、台灣府城和鳳山縣城，直到南端的枋寮。大肚溪以北的路段，雖然有著那麼一條「慣行路線」存在，但並未具有官道的實質意義。

發動縱貫道的引擎

番人勞役

在十七世紀的台灣，不在縱貫道上的番社反而幸運。因為他們不必
承擔繁重的道路勞役，才有可能富庶繁榮。

　　清代台灣的百姓有兩種身分，漢人叫「民」，原住民叫「番」。民有繳稅的負
擔，番則有提供勞役的義務。賦稅的課徵以金錢或稻穀為依據，每個人應該負擔
多少，非常明白，政府不容易增減。反之，勞役卻是一種難以量化的東西，同樣
做一天工，可以把人累翻，也可以閒到發慌。此外，賦稅的課徵有一定的時節，

這是番人協助渡河的畫面。旅客坐在竹
筏上，四周服役的番人身體浸在水裡，
合力推進竹筏。竹筏載不下的貨物，
另由番人頂載而過。這幅充滿「番邦風
情」的彩繪，因為是畫給北京城的皇帝
看的，不免粉飾太平，洋溢著好整以暇
的氣氛。事實上渡河是辛苦而危險的差
事，既要忍受湍急而冰冷的水流，又要
小心翼翼地控制竹筏，還得安撫驚恐憤
怒的水牛，服役的番人可以說是苦不堪
言。

勞役卻是隨時徵調，沒有固定的時間。賦稅的徵收通常配合農事的收成，但勞役的徵調卻往往牴觸農時。因此，在這種勞役制度之下，平埔族的生計受到很大的干擾。同樣是平埔族，位於縱貫道上的，又比遠離縱貫道的苦累。

　　一六九七年郁永河經過台南以北的「四大社」時，隨行者曾向他解說：除了縱貫道所經的三個大社外，還有另一個大社，因為不在縱貫道上，所以「特別富庶」。如果以今天的觀點來看，還真難以理解！如果是在今天，重要幹道不經過的地方，很難會有什麼發展。不過，在十七世紀的台灣，不在縱貫道上的番社反而幸運。因為他們不必承擔繁重的道路勞役，才有可能富庶繁榮。

　　平埔族的勞役，最主要的有「道路之役」和「營造之役」。道路之役是例行的，包括跑遞公文、協助渡河、駕駛牛車、搬運貨物、載送官兵等。營造之役則包括建築官署、穀倉、公館，及在風水災害之後修理房屋等。營造工作並非例行，不過一旦發動，動輒數月，消耗大量的人力。不管是道路工或者營造工，都是徵調住在工地附近的平埔番人，而非由遠近番社共同分攤。這麼一來，位居縱貫道上就成為一種「原罪」了。首先，南來北往的差役或阿兵哥，絕大部分在縱

這張圖顯示出平埔族傳統的建築方式、材料及工法。這種工作除了用在自己房屋的建築之外，還要應付官府規定的穀倉和公館等。

牛車本來就是平埔族生活的一部分。除了運貨之外，也用來載客。當然，圖中這種有屋頂的「豪華客艙」，絕非常態。

貫道上流動，自然就近找番人提供搬貨、趕車和渡河等勞力。其次，九成以上的官署、穀倉、公館都位於縱貫道上的城鎮，大興土木之時每每就近發動番人作工，而且完工之後還得年年維修。

　　沉重的勞役負擔，打亂了平埔族人的生活秩序，甚至激起叛變。用「叛變」這個詞彙，其實並不適當。因為在番人的腦袋中，對於漢人的「皇帝」和「官府」，並不是非常清楚。沒有「君臣」的觀念，哪來的「叛變」呢？打從十七世紀初開始，那個居住在安平附近的統治者，雖然從荷蘭人換成姓鄭的，又從姓鄭的換成滿清的官吏，但不變的是他們一直要求平埔族「臣服」。所謂的「臣服」，就是提供勞役，並且聽從他們的管理。彰化以南的平埔族，經歷十七世紀多次干戈，絕大多數對於住在安平的那些人，已經有了清楚的認識：那就是千萬別把他們惹毛了。如非萬不得已，盡量順從他們的意思，否則極有可能慘遭屠殺！

　　彰化以北的平埔族，和住在安平的那些人的接觸較少。照漢人的說法，這些番社屬於「不入王化」的一群。鄭家統治台灣的末年，逼不得已必須發動彰化以北的平埔族搬運軍需，就引發平埔族的「叛亂」。取代鄭家政權的滿清官僚，對

這是催促番人趕緊修理公館和營舍的條子。不論天時、季節，番人收到這種條子，就得自備工具、乾糧，前往指定地點作工。

於彰化以北的平埔族，也多半睜一隻眼、閉一隻眼。番社每年只要繳納象徵性的賦稅，彼此就相安無事。事實上，連這些賦稅也都是透過漢人通事代繳的。

清廷消極的統治政策，終於在十八世紀初面臨挑戰。一七一○年前後，東南中國海上的大海盜鄭盡心開始坐大，屢次騷擾浙江、福建沿海，甚至流竄到台灣北部的雞籠、淡水等地。為了圍剿海盜，以府城為大本營的「台灣鎮」，奉命派出海、陸兩軍，前往台灣北部。台灣鎮的最前線，分別是陸軍的「半線營」（位於今彰化市），以及海軍的鹿港汛（位於今鹿港）。海盜之亂在三、兩年內就平息了，但這次事件卻暴露出台灣北部的空虛。如果官府不趕快將北台灣納入統治，難保哪天又淪為匪寇的巢窟，成為沿海的心腹之患。

經歷此次教訓，康熙五十年（1711），官府首度派兵越過大甲以北駐防。當時遙遙千里路途，只派了一百二十名官兵。因此，接送官兵上下班，以及日常巡邏的牛車增加不多。康熙五十八年（1719）北路淡水營正式成立，大本營設在淡水，編制官兵五百名。彰化至淡水間亟需新建一條補給線，至此番社的勞役才開始加重。彰化以北那條南北大路，正式成為「官道」！彰化以北的官道，不是說通就通的。沿途的番社以往並不需要提供太多勞役。自從官府「勵精圖治」以來，他們的負擔便逐漸加重。在繁重的道路供役之外，緊接而來的是官府大興土木，要求番社提供更多的勞役。終於，一七三一年冬天大甲西社帶頭發難，縱貫道因此斷絕……

瘋狂的番牛車運輸

一千二百輛次的牛車，行駛在大武郡到府城之間的縱貫道上，
那是一幅多麼壯觀的場面啊！

康熙年間台灣北路交通的困難，可以從每年運輸木材的情形看出。依照清帝國的規定，台灣本地的水兵戰船，必須在台灣建造修理。戰船的修造廠設在安平，不過，造船中最困難的事，不是發生在安平港的碼頭船塢，而在縱貫道上。以十八世紀初年為例，當時伐木的山場位於大武郡山，也就是今天彰化縣社頭鄉。這裡是八卦台地邊緣的山坡地，聚集著數百名木匠，山腳下便是平埔族的大武郡社。縱貫道從大武郡社經過，西北向可至彰化，西南向通達諸羅（今嘉義市）。大武郡山可以說是北路縱貫道旁，離安平最近的伐木基地。

樹木砍下之後，在伐木現場整修邊幅，成為可用之材後，便出發運往府城安平港邊的造船廠。運材所需的牛車，至少一千二百車次，每趟折合三·五元，總運費便高達四千二百元。事實上，上級官府的補貼金只有一百元，剩下全部都由老百姓（漢人）「自行吸收」。

一千二百輛次的牛車，行駛在大武郡到府城之間的縱貫道上，那是一幅多麼壯觀的場面啊！為了渡過河流，牛隻載浮載沉地前進，四周圍滿苦力，合力將車身攙扶到對岸。尤其是當強

從濁水溪堤防上遠眺八卦台地，這就是清代的大武郡山南段，也是伐木的基地。瘋狂的牛車運材以此為起點，目的地是遠在安平的兵工造船廠。

這就是位於安平的兵工廠，專門製造水師所用的戰船。製造和修理所需的木材，由台灣島內供給，砍伐和運送的工作就落到番人頭上了。

渡濁水溪、曾文溪這種大河時，簡直驚險萬分。從今天彰化社頭鄉起運，必須歷經八天的磨難，才能抵達安平。比較小的木材可以用牛車載，都還不算大問題；真正頭痛的是那些牛車載不下的巨材，例如造船隻「龍骨」的長條原木。

　　使用貨幣的漢人出錢，不使用貨幣的平埔族便出力。漢人老百姓出的錢已經用來僱牛車了，剩下牛車無法載運的「龍骨」只好讓平埔番負責。一根龍骨，需要五十頭牛才拖得動，一旁攙扶著的番人，更是不計其數。如果老天配合不下雨，也要半個月才能從山場拖到府城，足足為牛車的二倍時間。大武郡以南所有的平埔番社，全部都要集中到縱貫道上，一個社、一個社接力，才能完成這項壯舉。除了龍骨之外，還有船舵等大件材料，也都得用這種方式運送。因此，每年遇到修船的時節，沿途的番社可以說是日夜不得安寧！

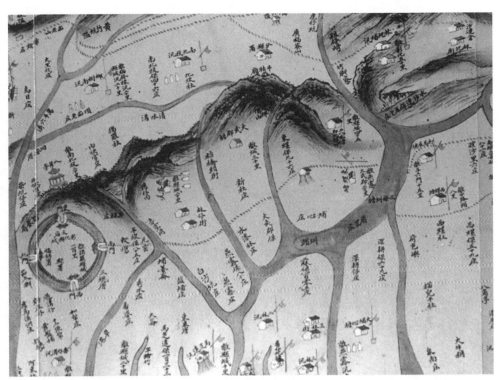

十八世紀末所繪的地圖。從右上方而下，向左下方分支漫流的就是濁水溪。後來這一帶生產的竹木，不再用牛車運送，而是利用濁水溪的河水放流出海，再轉駁上海船，直接運到安平港去。

　　每年一次的勞師動眾，並非長久之計。十、二十年後，大武郡的林場廢棄了，木匠轉移到今天南投竹山和台中潭子，繼續伐木作業。木材的運送方式也做了改變。竹山的木材從濁水溪放流，潭子的則利用大肚溪。木材放流至海口附近，便能轉裝到大船上，沿著海岸南下安平，直接駛進造船廠。瘋狂的縱貫道運材，於焉絕跡！

郁永河的採硫之旅

　　一六九七年福建省府幕客郁永河來台灣採硫礦，寫下著名的遊記《裨海記遊》。郁永河有著漢人少見的冒險精神，也有妙筆生花的文采。他的旅行見聞，在成書之後沒多久，就被當時的文獻廣泛引用。這本遊記在二十世紀，依舊受到台灣歷史研究者的高度重視，至今不衰。很幸運地，他為我們見證了番牛車時代的縱貫道。包括牛車旅行的經驗、平埔番人的協助、路況的惡劣、渡溪的的驚險，所有縱貫道上的特色，透過他的遊記，都能一覽無遺！

郁永河旅行行程路線圖

註：旅行日期標示在當夜住宿之地。其中四月八日趕夜車並未住宿，四月十三至二十二日滯留在牛罵社，並未前進。

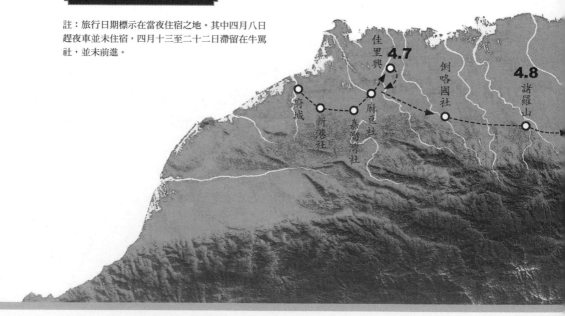

郁永河採硫磺的目的地在北投，冶礦的器具則在府城買辦齊全，以海船運往台北。郁永河從台灣府城出發，在眾人的勸阻之下，他仍然放棄坐船的機會，堅持沿著縱貫道北上。沿途記下所見所聞，為我們提供一個十七世紀末縱貫道的精彩遊記。郁永河的文采生動，原文讀起來並不困難。他在一六九七年農曆四月七日出發：

> 余與顧君率平頭數輩，乘笨車就道；隨行給役者凡五十五人，時四月初七日也。經過番社即易車，車以黃犢駕，而令土番為御。是日過大洲溪，歷新港社、嘉溜（音葛辣）灣社、麻豆社，雖皆番居，然嘉木陰森，屋宇完潔，不減內地村落。

> 自麻豆易車，應至倒咯（音洛）國；番人不解從者語，見營官中途為余治餐，意余必適彼，為御至佳里興，至則二鼓矣。問孰為宿處，則營中也。

郁永河第一天上路，就遇到一件烏龍事。幫郁永河駕車和搬運行李的番人，是受到府城官員的命令，應召從事義務勞動的。他們不知道郁永河是誰，也不瞭解他北上的目的地。在十七、十八世紀之交，官府濫派勞役的弊端，已經非常嚴重。打府城北上的人員，絕大多數都是前往佳里興的。佳里興是名義上的諸羅縣治所在地，更是北路官兵的大本營。郁永河從府城出發，沿途在官兵的駐點休

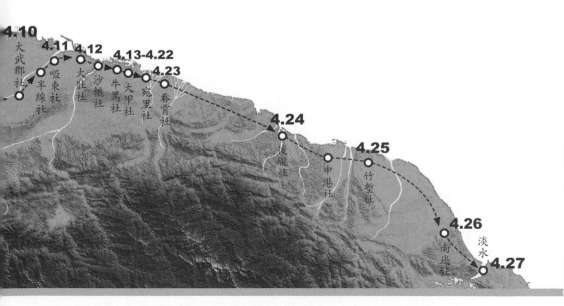

息。駕車的番人看到軍官幫郁永河準備菜飯，便以為他也是軍方的人，因此當天便將車隊開往佳里興了。等到車隊停下來，郁永河才察覺走錯路了。不過此時天色已晚，只能先在兵營過夜了。

　　初八日，仍馭原車，返麻豆社，易車渡茅港尾溪、鐵線橋溪。至倒咯國社，日已近暮。

　　佳里興不在北路縱貫道上。郁永河一行先走原路回到麻豆，再走縱貫道北上，經過茅港尾、鐵線橋抵達「倒咯國社」。如果昨天沒走岔了路，夜裡應該抵達茅港尾歇息，而今天應該越過「倒咯國」抵達「諸羅山社」的。由於行程受到耽擱，天黑時一行才走到「倒咯國」。郁永河想到那些押送冶礦器具坐船北上的人，應該很快就到台北，一時心急，竟然命令番人「開夜車」趕路：

　　憶王君此時，乘南風，駕巨艦，瞬息千里，余至則後矣；乃乘夜渡急水、八掌等溪。遲明，抵諸羅山，倦極坐憩；天既曙，復渡牛跳溪，過打貓社、山疊溪、他里務社，至柴里社宿。計車行兩晝夜矣。車中倦眈欲瞑，每至深崖陡塹，輒復驚覺。所見御車番兒，皆遍體雕青：背為鳥翼盤旋；自肩至臍，斜銳為網罟纓絡；兩臂各為人首形，斷胭猙獰可怖。自腕至肘，纍鐵鐲數十道；又有為大耳者。

　　可憐番社眾弟兄們，也可憐了那些拉車的牛隻。在一片漆黑之中渡過急水溪和八掌溪，在天快亮的時候才到諸羅山（今嘉義）。郁永河稍事休息，立即上路，當日抵達柴里（今雲林斗六），終於追上既定的行程。

　　初十日，渡虎尾溪、西螺溪，溪廣二三里，平沙可行，車過無軌跡，亦似鐵板沙，但沙水皆黑色，以臺灣山色皆黑土故也。又三十里，至東螺溪，與西螺溪廣正等，而水深湍急過之。轅中牛懼溺，臥而浮，番兒十餘，扶輪以濟，不溺者幾矣。既濟，值雨，馳三十里，至大武郡社，宿。是日所見番人，文身者愈多，耳輪漸大如椀，獨於髮加束，或為三叉，或為雙角；又以雞尾三羽為一翱，插髻上，迎風招颭，以為觀美。又有三少婦共春，中一婦頗有姿；然裸體對客，而意色泰然。

　　依照十八世紀以後的慣例，從斗六到彰化原本只要一天路程。第四天郁永河渡過西螺和東螺兩大溪，消耗了太多體力，當晚便在「大武郡社」（今彰化社頭）過夜。

過了東螺溪，一行人轉朝東北前進。遠方山腳就是大武郡社，郁永河一行冒雨前進，當晚便在大武郡社求宿。

十一日，行三十里，至半線社，居停主人揖客頗恭，貝饌尤腆。
云：『過此多石路，車行不易，曷少憩節勞』！遂留宿焉。自諸羅山至此，所見番婦多白皙姸好者。

或許是日前過度操勞。第五天郁永河才走了半天的行程，吃過午飯後竟然就收隊了。他說客店老闆煮的菜色不錯，而且老闆警告他接下來路況不佳。原來古今商人慣用的伎倆都一樣，郁永河便接受老闆的建議，在這間客店住宿一夜。

十二日，過啞束社，至大肚社，一路大小積石，車行其上，終日蹭蹬殊困；加以林莽荒穢，宿草沒肩，與半線以下如各天。至溪澗之多，尤不勝記。番人狀貌轉陋。

客店老闆的話，也不是沒有道理。彰化是北路官道的終點，過了彰化，路況就比較差了。所謂「林莽荒穢，宿草沒肩」，誠如是也！第六天郁永河經「啞束社」（在今彰化和美）走到「大肚社」（今台中大肚），一路大小積石。依照十八世紀後的標準，彰化出發往北，中午就應該抵達沙轆社（今台中沙鹿）午餐，當晚還可以抵達大甲。郁永河一六九七年經過這裡的時候，竟然用了兩倍的時間。另外，還有一件有趣的事情，就是大肚溪竟然介於「大肚社」與「沙鹿社」之間。依照常理，大肚溪過了王田之後，應該會成放射狀的漫流才對。在清初的文獻中，都沒有描述這段大肚溪的路徑，因此我們難知其詳。郁永河行經「大小積石」之路，其實就是大肚溪主流遷徙後的廢河道，當然滿布卵石。新的河道遷到大肚社以北，因此郁永河隔日才見到：

　　十三日,渡大溪,過沙轆社,至牛罵社,社屋隘甚,值雨過,殊淫。假番室牖外設榻,緣梯而登,雖無門闌,喜其高潔。

　　至多十數年後,大肚溪的河道又回歸大肚社以南。第七天郁永河才走半天路程,就不得不在牛罵社(今台中清水)住宿,準備迎接困難的大甲溪之渡。無奈,此時天氣開始變壞。大甲溪水暴漲,一耽擱便足足九天。

　　十四日,陰霾,大雨,不得行;午後雨止,聞海吼聲,如錢塘怒潮,至夜不息。社人云:『海吼是雨徵也』。

　　十五日、十六日皆雨,前溪新水方怒,不敢進。

　　十七日,小霽。余榻面山,霾霧障之凡五日,苦不得一睹其麓;忽見開朗,殊快。念野番跳梁,茲山實為藩籬,不知山後深山,當作何狀,將登麓望之。社人謂:『野番常伏林中射鹿,見人則矢鏃立至,慎毋往』!余領之;乃策杖披荊拂草而登。既陟巔,荊莽樛結,不可置足。林木如蝟毛,聯枝累葉,陰翳晝暝,仰視太虛,如井底窺天,時見一規而已。雖前山近在目前,而密樹障之,都不得見。惟有野猿跳躑上下,向人作聲,若老人欬;又有老猿,如五尺童子,箕踞怒視。風度林杪,作簌簌聲,肌骨欲寒。瀑流潺潺,尋之不得;而修蛇乃出踝下,覺心怖,遂返。

　　充滿好奇心的郁永河,一刻也閒不下來。滯留在牛罵社的時候,他便抽空到山區探險。這座「鰲峰山」是牛罵社的地標,至今仍矗立在台中市清水區。山後便是綿延無盡的大肚台地,台地後方則為台中平原。在當時,山後以「岸裡社」為首的平埔族,仍然被官府視為「生番」,不受管轄。和「溫良恭儉讓」的「熟番」恰成對比。不過,那些「生番」再過一、二十年也「歸化」清廷,甚至在十八世紀成為官府最主要的勞役來源呢!

　　十八日,又大雨,嵐氣盛甚,衣潤如洗……。十九日,晨起,忽霽,差爽人意,計二三日水落可涉,則前路匪遙矣。比午,方飯,南風颼颼起萍末,衣潤頓乾,覺快甚。飯罷,風漸橫,草木披靡,念兩海舶當已至;不然殆矣,王君奈何!意甚憂之。薄暮,有人自海濱來,云:『見二巨舟,乘風而北』。益駭,披襟坐大風中,至三鼓,勉就枕,然竟夜無寐。

這張地圖的縱貫道上，沿途畫上絡繹的牛車，儼然是郁永河旅行的寫照。

　　二十日，辰刻風定；無從得二舶耗。顧君慰余曰：『君無憂二舶也！彼非南風不行，既久無南風，咋風又橫，無行理，何憂為』？土官使麻答為余問水（麻答是番兒之矯健者；問水，探水之深淺也），曰：『水急且高，未可涉也』。

雖然已經派出「麻達」試探水勢，但個性急躁的郁永河仍然耐不住性子，在耽擱九天之後，第十天強迫大隊人「牛」上路。

　　二十三日，余念二舶，遂叱馭行。行二十里，至溪所，眾番為戴行李，沒水而過；復扶余車浮渡，雖僅免沒溺，實濡水而出也。渡凡三溪，率相越不半里；已渡過大甲社（即崩山）、雙寮社，至宛里社宿。自渡溪後，御車番人貌益陋，變胸背雕青為豹文。無男女，悉翦髮覆額，作頭陀狀，規樹皮為冠；番婦穴耳為五孔，以海螺文貝嵌入為飾，捷走先男子。經過番社皆空室，求一勺水不可得；得見一人，輒喜。自此以北，大概略同。

　　二十四日，過吞霄社、新港仔社，至後壠社。甫下車，王君敝衣跣足在焉。泣告曰：『舟碎身溺，幸復相見』。

過了大甲溪之後，第一天在「吞霄社」（今苗栗通霄）過夜，第二天抵達「後壠社」（今苗栗後龍）。在這裡，郁永河竟然看到押運海船的同事，出現在他面前，原來那艘船隻已經遇難。在驚訝沮喪之餘，郁永河應該還暗自慶幸當初沒有坐上那艘不祥的海船吧！

這是中港溪出海口。幫郁永河載運貨物的海船，就是在這附近觸礁失事的。

　　二十五日，與王君共一車，兼程進。越高嶺三，至中港社，午餐。見門外一牛甚腯，囚木籠中，俯首跼足，體不得展；社人謂：『是野牛初就靮，以此馴之』。又云：『前路竹塹、南崁，山中野牛甚多，每出千百為群，土番能生致之，候其馴，用之。今郡中輓車牛，強半是也』。飯竟，復登車，道由海墘橫涉小港，迂迴沙岸間三十餘里；王君指折舵碎舟脫死登岸處甚悉，視沙間斷木廢板，尚有存者，惟相對浩歎而已。又浮一深溪，至竹塹社，宿。溪水湍急，役夫有溺而復起者。奴子車後浴水而出，比至，無復人色。……遂留王君竹塹社，余復馳至南崁社宿。

　　府城出發後第十九天，郁永河從「後壠」社出發，在「中港社」（今苗栗竹南）午餐後，沿著海邊沙灘北上，順便勘查了船隻觸礁的地方，當夜抵達竹塹住宿，兩天之後終於抵達淡水。

　　自竹塹迄南崁八九十里，不見一人一屋，求一樹就蔭不得；掘土窟，置瓦釜為炊，就烈日下，以澗水沃之，各飽一餐。途中遇麏、鹿、麇、麚逐隊行，甚夥，驅獫猲獢獲三鹿。既至南崁，入深菁中，披荊度莽，冠履俱敗：直狐狢之窟，非人類所宜至也。

　　二十七日，自南崁越小嶺，在海岸間行，巨浪捲雪拍轅下，衣袂為濕。至八里分社，有江水為阻，即淡水也。深山溪澗，皆由此出。水廣五六里，港口中流有雞心嶕，海舶畏之；潮汐去來，淺深莫定。余停車

欲渡，有飛蟲億萬，如急雨驟至，衣不能蔽，遍體悉損。視沙間一舟，
獨木鏤成，可容兩人對坐，各操一楫以渡；名曰莽葛，蓋番舟也。既
渡，有淡水社長張大，罄折沙際迎，遂留止其家。

郁永河終於完成艱辛的北路之旅，總計耗費二十一天。他自己下的總結是：

　　自臺郡至此，計觸暑行二十日，兼馳凡四晝夜，涉大小溪九十有
六；若深溝巨壑，峻嶺陡崖，馳下如覆、仰上如削者，蓋不可勝數。平
原一望，罔非茂草，勁者覆頂，弱者蔽肩，車馳其中，如在地底，草梢
割面破項，蚊蚋蒼蠅吮咂肌體，如飢鷹餓虎，撲逐不去。炎日又曝之，
項背欲裂，已極人世勞瘁。

郁永河回顧往事，在感嘆之餘，也掩不住一份自豪。畢竟，他完成了「走透
透」的壯舉。我們拿郁永河的行程，來和十八世紀縱貫道路況改善以後做比較，
可以回頭認識十七世紀縱貫道的路況。首先，如果摒除第一大走錯路的烏龍事
件，郁永河從府城到斗六花了三天，符合十八世紀的標準行程。其次，斗六到彰
化，因為渡溪稍有延誤，加上在客店多做歇息，最後花費兩天。依照標準，斗六
到彰化應可在一天走完。

彰化以北到後龍，根據標準只要二天，郁永河卻花了十三天，扣除因為大
甲溪暴漲停滯的九天，實際行程四天。之所以花費兩倍的時間，和行走礫石路面
和海灘有關。十八世紀以後，這個區間路況大幅改善，一般行旅都可以一天到大
甲，一天到後龍。當然，這是在溪水平緩的前提之下。至於後龍以北，郁永河花
了三天抵達淡水，則完全符合標準。總計從府城到淡水，十七世紀末郁永河實走
十二天，比十八世紀標準的九天稍多。

今天，我們有幸拜讀郁永河的大作，得以身歷其境地回到十七世紀末的台
灣。但不幸的是，郁永河的故事也導致許多誤解。著名的「康熙台北湖」公案，
到今天仍然爭執不休。郁永河沿路坐牛車北上的瘋狂之舉，在十八世紀以後逐漸
消失，縱貫道上的行旅都是用步行的。許多人讀了郁永河的遊記，至今仍誤以為
清代兩百多年來，縱貫道上都是以牛車作代步工具的呢！

承先啟後——
十八世紀的縱貫道

第三章

平埔番的怒吼

大甲西社之役

「地當孔道」可說是番社的「原罪」。一方面力役沉重，一方面勞逸不均，
縱貫道上的番社，自然積怨日深！

　　彰化以北的縱貫道，到了一七一○年代終於成為官道。在此之前，南北向
的道路雖然早就存在，但一直不算是官道，沿途的番社也沒有多大的勞役負擔。
一七一○年以後，彰化以北的官府和軍隊不斷擴編，道路上來來往往的衙役和阿
兵哥逐漸增多。原本很少「出公差」的番人，現在受命徵調的次數越來越多。也
不過三十年前，這裡才經歷過一次平埔番社的聯合「叛變」，原因是鄭氏政權強
迫他們提供勞役，幫忙北上的軍隊搬運武器和輜重。

　　當一七一○年代清朝官府開始向大甲溪以北擴張勢力時，平埔番人對於三十
年前集體叛變，以及事後慘遭屠殺的往事，應該還記憶猶新。在平埔番人的眼

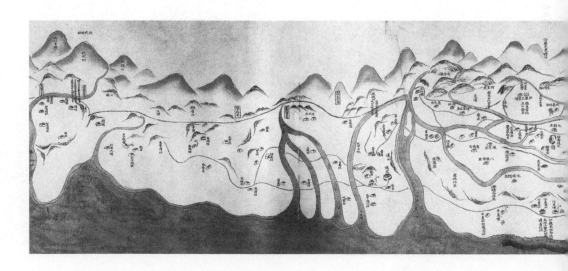

中，鄭氏軍隊已經是夠強大，尚且敗在清軍的手下。如今清軍開始在自己的番社旁邊紮營駐守，又強迫他們幫阿兵哥蓋兵營、駕牛車，平埔番人那敢不從！而新闢官道沿線的番社，又以最接近彰化的幾個勞役最重。 彰化以北到通霄之間，短短的路途中，縱貫道便渡過大肚、大甲、大安等三大溪流。沿途的大肚、沙轆、牛罵頭、大甲、雙寮、南日、宛裡、通霄等番社，除了供應牛車和搬運工之外，還得協助渡河。這些勞役並非由鄰近區域的番社平均攤派，而是由以上那些縱貫道上的番社獨力支撐。因此，「地當孔道」可以說是這些番社的「原罪」。一方面力役沉重，一方面勞逸不均，縱貫道上的番社，自然積怨日深！

康熙六十年（1721）朱一貴之亂以後，彰化以北再度增兵。雍正九年（1731），清廷決定在台灣北路添設竹塹、八里坌人社二巡檢，不久又發布以淡水同知駐箚竹塹的命令。同年淡水同知就開始在沙轆社大興土木，番人的勞役供給已經瀕臨極限。這年冬天，台灣總兵官率領人隊人馬，即將進行年度例行閱兵，眼看著又要再徵調番人義務勞動了……

從一七一一到一七三一，短短二十年間，彰化以北的平埔番社終於見識到大清帝國的「赫赫天威」。為了應付越來越多的阿兵哥和公務員，番社壯丁就算整天出公差也吃不消。一七三一年冬天，當總兵官一行浩蕩的隊伍，才通過沙轆、大甲西社北上，剛抵達南崁（今桃園南崁），就接到從後方追上的緊急軍報：「番人造反了！」

中國傳統政府常常把「教化」掛在嘴上。大甲西社亂事結束後，參與的番社慘遭「賜名」。大甲西社被賜名「德化」，牛罵社叫「感恩」，沙轆社叫「遷善」。當然，這種政治性的改名不會真的落實到現場。為了避免使用者看不懂，這張乾隆年間的地圖還特別加上文字註記，新舊名對照一番。

雍正九年（1731）十二月二十四日，牛罵社番駕車載官兵十二人，巡邏至大甲西社，當地番人突然行兇，射傷兵丁二人，然後回頭衝到沙轆社，放火燒毀淡水廳衙門。倉皇得知消息的總兵官，就地編組新竹地區的駐兵，隨他掉頭南下平亂。同時傳令台灣府城內的大軍，立即北上夾擊。此時雖逢年節，但台灣南北一片沸騰。台灣府城附近「歸化已久」的四社平埔族，擔任官兵的馬前卒，一同北上彰化。縱貫道沿途「歸化未久」的平埔「良番」，則供應行軍所需的牛車，並且將軍需糧秣源源不絕地向彰化輸送。大家無償提供勞役，目的竟是剿滅那些因不堪勞役繁重，起而叛亂的平埔「叛番」！

其實，此時大官們憂心的不只是叛亂事件，更大的隱憂是南北交通因而受阻。由於正當冬末，北風強勁。台灣府城的海軍在逆風的狀況下，根本無法支援北部。因此，南北大路一旦斷絕，北台灣的新竹和台北地區，都會和府城失去聯絡。北台灣如果發生任何不測，恐怕會比中台灣的番社叛亂還要嚴重！

從元旦到四月，官兵進展遲緩。好不容易到了四月下旬，為首發難的大甲西社終於投降，雖然象徵性地結束亂事，但卻留下一道伏筆⋯⋯

大甲西社投降前的十天，有五名番人在替官兵運送糧食途中，慘遭漢人壯勇謀害，為的是要用這些屍體冒充敵屍邀功。本來在大甲西社作亂之時，附近的幾個番社不但沒有附和，而且繼續幫助官兵運糧。即使是五名番人慘遭殺害，他們也沒有反叛。直到嫌犯被彰化縣衙門無罪開釋，才在一七三二年閏五月初二日激起南大肚、水裡、沙轆、牛罵等社番人的反彈，聚眾包圍彰化縣城。二十天之後，彰化以北完全失守。縱貫道沿線，從彰化到通霄的所有番社，全部加入叛亂的行列！

中部番社的亂事，從一七三一年十二月爆發以來，歷時半年，眼看就要撲滅了，卻又死灰復燃，而且更加猛烈。前一階段的叛亂，平地並沒有大規模的亂事，縱貫道也很快就被官方收復了。官兵討伐的對象，只有逃匿山中的兩、三個番社而已。然而第二階段，叛亂的番社卻集中在縱貫道上。這些番社所提供的勞役，是縱貫道得以運轉的必要條件。一旦叛亂，縱貫道交通立刻斷絕。不僅官兵頓失勞役的來源，而且還阻斷彰化和竹塹間的唯一孔道，情報和物資完全斷絕。

打通縱貫道的任督二脈

中部番亂的平定

縱貫道是官方最重要的生命線；而番人勞役又是縱貫道的動力來源。
既要屈服叛番，又要為番社保留實力，以待將來道路供役之所需，
其中婉轉之處，頗費神思。

　　縱貫道的斷絕，終於讓中央和省城的官員下定決心，從福建派出大軍，以雷
霆萬鈞之勢徹底消滅叛亂。大軍的首領由福建陸路提督（福建省陸軍的最高統帥）
王郡擔任。一七三二年七月六日，王郡於鹿港登陸。大軍並沒有直接前進到彰化
縣城駐箚，而是就地整備，立即消滅阿束社（今彰化和美），再凱旋進入彰化城。
這個戰役非常清楚地反映了阿束社的特殊地位。因為彰化城往北的縱貫道，必須
先渡過大肚溪。而濱臨大肚溪的番社，北岸為「南大肚社」，南岸為「阿束社」。
這二個番社不但成為南北孔道必經之地，而且還負有協助橫渡大肚溪的重責。對

大甲西社亂平以後，
大肚溪的渡口遷移，
不再經過阿束番社，
從這張亂後二十年繪
製的地圖中，可見一
斑。

於剛登陸鹿港的官兵而言，攻下阿束社等於是掌握了將來北伐的渡河要津；反之，若不襲取阿束，該社就是叛番南下的「灘頭堡」。

王郡在發動對沙轆、牛罵的攻擊前，先安撫了彰化、南投附近的番社。依照他的說法，這些都是「未全為歹」之番。其實，對於王郡來說，這些番社到底有沒有為非作歹，根本無關緊要。因為彰化以南的道路，一直在官方的掌握之下，對於這些道路線上的番社寬大處置，不僅可以避免南北樹敵，同時還能繼續確保勞役的來源。

下一波的攻擊目標是南大肚社，其成敗在於官兵如何渡過大肚溪。從七月初等到八月中，好不容易中秋節過後，大肚溪水終於開始消退。八月二十一日黎明，官兵主力沿縱貫道北上，強渡大肚溪，攻破南大肚社，放火焚燒一空。二十九日南大肚社乞降；此後三天內柴坑仔社、水裡社也紛紛投降。此後，官兵勢如破竹，九月九日攻破沙轆、牛罵，十八日大本營強渡大甲溪前進至大甲西社，歷時一個月的主要戰事結束。接下來只剩下四散逃逸的番人，持續搜捕至十一月初為止。十一月五日王郡宣布戰爭結束，大軍開始內渡返回福建。自七月至十一月，前後四個月，共計擄獲男女一千多名，陣斬四十一名，傷重死亡二十一名，軍前梟首十八名。

我們回頭檢討戰局，就會發現王郡雖然將「大甲西」、「沙轆」、「牛罵」三社提報為「首逆」；然而血流成河的，卻是「阿束社」和「南大肚社」。其實，這正暴露出王郡對於這場戰爭的真正思維。由於「阿束社」和「南大肚社」各控扼大肚溪渡口的南北兩端，因此整個事件最大的兩場戰役，便集中在攻占這兩處。二處底定之後，勝負已經分明。此後，王郡沿著縱貫道北上，一個接著一個地清勦，但再也不像大肚溪之役那樣慘烈地殺戮。而且，番眾的傷亡大部分是在戰役中，死於事後處決的少之又少。王郡曾任台灣總兵官，對於番社勞役和縱貫道交通之間的關係，應該非常清楚。面對官府即將在北台灣的擴大編制，加上原本既有的官兵，縱貫道將是官方最重要的生命線；而番人勞役又是縱貫道的動力來源。既要屈服叛番，又要為番社保留實力，以待將來道路供役之所需，其中婉轉之處，頗費神思。

檢討這次軍事行動，官兵清勦的目標全部位於縱貫道沿線，由南而北，依次為：阿束、南大肚、中大肚、北大肚、水裡、沙轆、牛罵、大甲西、雙寮、貓

盂、房裡、宛裡、通霄等社。反之，沒有參與叛亂的番社，全部不在縱貫道上。
番社是否瀕臨縱貫道，與是否參加叛亂完全一致。當時的官員也承認是因為「勞
役無休息，誅求不可當」，番人才會「支應力不給，勢促乃跳梁」。反諷的是，事
變後不久，福建總督向皇帝呈報的奏摺中，卻說：

> 竊照台灣番民，性本愚蒙，行頗恭順，前因一、二不法匪類滋擾
> 地方，仰蒙皇上天威遠震，除惡安良，各社番民得以咸安耕種；軍興之
> 際，實心效力，迨荷天恩添設官兵捍衛，感激歡呼。凡遇用夫、車輛公
> 務，土官、通事無不踴躍向前，甚屬可嘉。

也就是說：經過這回的軍事掃蕩與鎮壓，社番仍得繼續提供道路的車輛與夫
役。一場亂事下來，並未暴露問題，也未改善現況，反而社番在官方的簞除與重
新安插後，更加無力反抗了。彰化以北的官道，在番社「踴躍向前」提供夫役及
車輛下，從此一路順暢！

圖中央被城牆包圍的就是彰化縣治。縣城東門外
（上方）山頂上的「八角亭」，創建於大甲西社亂發
之時，原本是用來紀念此役的，名稱就叫做「鎮番
亭」。因為亭子成八角（八卦）形，後來這座山的名
字就叫做「八卦山」了，至今仍然。

北路交通的蛻變

番人勞役之革除

擺脫對番人勞役的依賴，縱貫道上的勞力供給才會正常，漢人所經營的
苦力、腳夫、轎夫，甚至路邊攤販和住宿客店才能正常發展。

　　一七五二年「弛禁累番」案正式定案，象徵縱貫道不再依賴平埔番，在路政
上具有深刻的意義。當然，這種演變是循序漸進的，一七五二年只是官府「政策
宣示」的代表罷了！擺脫對番人勞役的依賴，縱貫道上的勞力供給才會正常，漢
人所經營的苦力、腳夫、轎夫，甚至路邊攤販和住宿客店才能正常發展。此外，
擺脫對番人牛車的依賴，縱貫道上的交通工具也才定型為以「步行」為主，田園
和灌溉渠道也免於牛車的破壞。

　　什麼叫「弛禁累番」呢？所謂「累番」，指的是官方向番人要求差勤勞役。之
所以「弛禁」，是因為過去五、六十年間，官府早就「嚴禁」了好幾次，但每次都
只是喊喊口號，下級官府根本無法配合。其實，如果不是情非得已，基層公務員
怎麼膽敢「甘冒法紀」呢？從現實來考量，果真把番人的勞役全部革除，不要說
年度的修繕房舍、打造戰船必須停擺，連縱貫道上日常的運行也會癱瘓。如此一
來，城裡的差役無法出城捉賊，官兵不能出城捕盜，城外大小軍營裡的士兵，連
例行的巡邏也都無法執行。說得嚴重一點，這官府也不成官府了！

　　官府對番人例行的勞役苛索，和軍隊的特殊制度有關。清代台灣的駐軍，不
在台灣就地招募，而是從福建省內地調派而來。每名官兵在台灣戍守三年，期滿
福建本營會再派一人來台頂換。因此班兵從福建的原駐地出發，穿越台灣海峽，
至府城上岸，經由總兵官點閱之後，再分發前往南北路各營區。前往南路的兵
丁，其行李軍裝皆自行僱腳夫扛運；但前往北路的卻是派番車、番人出勤。這是
班兵「上班」的過程，三年之後，這名官兵依照原來的路線「下班」，當然又得大

費周章騷擾一番。

　　在一七一二年以前，北路最遠的營區在大肚，距離府城四百六十里。一七一二年增設大甲以北七個駐地，最北的「八里坌汛」距府城一七三〇里。一七一八年又增設「淡水營」，極北的雞籠營區距府城二三一五里。沿途陸路交通惡劣，府城欲往淡水，快者兼旬，慢者月餘，途中要渡過大溪數重。加上北路的開發較遲，所經大半為「有番無民」之區，即使有錢也僱不到腳夫，勢必徵調番人搬運行李軍裝。本地的官員自己也知道阿兵哥「往往役使番民，勒供酒食、柴草、牛車，稍不如意即將番民凌辱」。官府拿不出解決的辦法，只能三令五申，要求官兵自我克制，勿為過甚之舉：

> 鳳山縣轄之南路等營，赴府承領餉銀以及換班兵丁，往來俱係自僱夫車，從無派撥番車之例，相安已久。北路等營，自應倣照而行。且爾來縣地人民日眾，處處挑夫可僱。應請將前項官莊車輛銀兩在縣扣出，歸於該營衙門存貯，俟各兵換班之日，按名發給錢文，聽其自僱挑夫。「撥番」積弊，應請永行禁革。

　　每名官兵三年輪班一次，但北路官兵兩三千名，隨時都有人在「上班」、「下班」。更何況，除了換班之外，塘汛（城外駐點）官兵隨時要在自己的轄區內巡邏，也得靠番人代為駕車。每年數次軍餉的運送，更加勞「番」傷財。更離譜的是北路剛建軍的時候，連官兵的食糧（很重耶！）都遠從府城千里迢迢陸運到北台灣，直到後來改發「糧食代金」，才結束這種瘋狂之舉。至於其他協助過河、搬運軍工木材等，史冊斑斑，歷歷在目，不必多費唇舌了。

　　使役番人的傳統深遠，早在荷蘭時代，平埔族就已經接受統治，「力役輪賦不敢違」了。根據清人的記載：「鄭氏於諸番徭賦頗重」，而且「我朝因之」，繼續苛求勞役。事

這座「示禁碑」，言之鑿鑿地嚴禁隨意徵調番人服役。不過，官府並未確實遵守禁令。

實上，在農墾和商業尚未發達的十七世紀，在「有番無民」的北路地方，對於番人的依賴是免不了的。進入十八世紀以後，漢人農墾漸有成果，人口越來越多，但番人卻越來越貧弱。一七三二年中部番社大叛亂的教訓，逼迫官府正視番人勞役過度的問題。終於在一七五二年討論定案：

> 嗣後凡運餉、解糧、換班兵丁及文武大小各官往來一切公務，不許
> 派撥番夫車輛擾累社番，永定章程勒石，遵照禁革；倘取仍前違玩，立
> 即揭報參究。各宜凜遵，毋違！特示。

當然，這個「弛禁」案是有但書的，如果說遇到「緊急公事」，或者大員（指巡台御史、台灣道、台灣總兵）出巡，以及例行的遞送公文等，還是可以徵調番人。和先前比較起來，番人已經是謝天謝地了。當然，政策要能落實，必須要現實條件配合，而且公理正義永遠是遲到的。到一七五二年時北路縱貫道——至少彰化以南的路段——已有很多市鎮了，到處都有挑夫、轎子可僱，重要渡口也都設立渡船，不需要番人幫忙了。

直到二十世紀初，交通狀況最惡劣的地方，仍然得要借重原住民遞送郵件。這差事真不是一般人能夠勝任的！

民營渡口的建立

進入十八世紀，擺渡成為新興的商機，大家都想分一杯羹。
最後，官府不得不插手管理。

　　十七世紀縱貫道初現，通行其上的多半是官員、役吏和兵卒。這些人之所以行走縱貫道，是為了公務上的需要。進入十八世紀，彰化以南的平原地區農業開墾漸有成效，村落人口漸增，商業也隨之繁興。行走於縱貫道上的，不再只是公務員，也有了商賈和百姓。公務旅行可以請番人幫助渡河，但商務旅行就非得花錢買渡不可。因此，擺渡成為新興的商機，大家都想分一杯羹。最後，官府不得不插手管理。

　　嘉南平原的渡口，在康熙末年已有多處設立，當時都是民間自理，官府尚未介入。對官方而言，渡溪有熟番之助，少有用及民渡之處。然而渡口終究是陸路交通的關鍵，如果為土豪劣紳把持，對治安也會有不利的影響。早在康熙末年，便已有文獻記載：「北路溪流險惡，載胥及溺時時見告，匪止病涉而已。故橋梁之外，津渡尤加飭焉；而紛紛者猶欲因此窺利也」。很明顯地：想要染指渡口生意者，已經多達「紛紛」之眾了。

　　為了管理渡口，自一七二〇年代起，各地的渡口在官方介入之下，逐漸成為熟番社和廟宇的特權。在嘉南平原，與縱貫道交會的河川，規模較大的有灣裡溪（今曾文溪）、茅港尾港（今已消失）、鐵線橋港（今已消失）、急水溪、八掌溪、牛稠溪（今朴子溪）等處。這六處水陸交會之所，早在康熙年間就已經架橋或設渡，當時的經營者不得而知；不過到了乾隆初年時，諸羅縣政府重新設定擺渡特權。六處渡口中，只有「急水溪上渡」歸廟宇僧人管理，其他五處皆指定給平埔番社。渡口指定給番人經營，是一種特權。以往番人協助旅人渡河，是一種半強

竹筏是台灣河流上最厲害的交通工具。適應力最強、成本最低、構造最簡單。即使到了二十世紀蓋了鐵路橋、公路橋，竹筏仍未絕跡。

這是縱貫道上最繁忙的艋舺渡頭，不僅承載縱貫道上南來北往的人貨，也是通往滬尾海港的轉運碼頭。

迫式的無償勞役；現在經營擺渡，則是有利可圖的特權。

官方之所以將擺渡的特權指定給番社，一方面是因為這是他們的專長，一方面也寓有救濟之義。原則上渡口都是指定給地緣關係相近的番社，例如灣裡溪由溪南的灣裡社和溪北的麻豆社共同經營；茅港尾渡歸蕭壠社番、鐵線橋渡歸麻豆社番、八掌溪渡歸諸羅山社番、牛稠溪渡歸打貓社番、而石龜溪渡則歸他里霧社番經營。

熟番社享有的擺渡特權，和他們享有的其他財產或權利一樣，無法長久。在漢人的介入之下，「擺渡權」和土地一樣，都可以拿去抵押，最後完全喪失。雖然在法理上，擺渡特權不一定可以像動產一樣任意過戶，但是官府也不敢隨意推翻民番之間自行其是的協議。十八世紀中葉番社擁有的擺渡特權，究竟在何時喪失，其精確年代已不可考。不過，至少在十八世紀末的時候，大部分的渡口已經由一般的漢人來經營了。

既然經營渡口有利可圖，要作這個獨門生意，就一定要官府在背後撐腰。當然，渡口回饋給官府的好處，自然是少不了的。在各級官府正式的收入清單中，都找不到擺渡權利金這筆款項，但是從許多間接的史料中，卻看到許多渡口是帶有官方「稅餉」義務的，也就是必須向官府繳納權利金。

台灣的河流平常沒水時一片荒漠，沙塵蔽天。大水來時上游的土石、巨木傾洩而下，兩岸交通時常斷絕。

　　一六八四年清朝統治台灣之初，一切的規矩都沿用明鄭所留下來的範例。鄭氏王朝財政的主要來源是稅款，包括竹木、住宅、店面、小工廠、魚塭、港道碼頭等，都可以成為抽稅的標的物。清朝自鄭氏手中接收台灣以後，雖然依照內地的規矩，建立以「正供」（田地稅）為主的財政體系，但對於鄭氏當年留下來的其他雜稅，也一概保留。其名目和稅額雖不再增加，但也不能減少。事實上，這些課稅的標的物在十七世紀中設定之後，三、四十年間便消失無存，其所有人或者逃亡，或者破產，官府根本不能從他們手中抽足稅額。

　　上級政府不准撤銷抽稅的名目，非得要下面的官府繳出法定的稅額；下級官府便只好「巧立」，或者「轉移」名目，以確保稅金的來源。其中魚塭和港道碼頭稅額都很高，但是因為位於海濱，都很快就淤塞或變成海埔了。原本的納稅人不是破產，就是轉作其他生意，不肯或不能繳納稅金了。此時正當交通逐漸發達，渡口開始設立的十八世紀初，由於渡口的位置常常就在以往港道或魚塭的水路上；官府要轉移港口和魚塭的稅餉，很自然便想到「渡口」這隻肥羊了！

　　稅收名目的轉移，嚴格說來並不合法，因此公文書中不會有詳細的記載。今天我們只能從一些零碎的線索旁敲側擊，勉強拼湊出一個模糊的過程來。可以確定的是：十八世紀中以後，縱貫道嘉義以南比較大的渡口，幾乎都附徵雜稅了。官府藉由發放擺渡的特許權，讓得到特許的人（或商號）承納某一筆沒有著落的稅款，彌補稅收的漏洞。

　　用今天的話來說，這就是「牌照稅」。官府發給經營渡口的牌照，持照人就必須繳納牌照稅。如果這張牌照可以帶來厚利，稅額就一定不低。好比現代固網業者必須向交通部繳納高額牌照費用一樣，交通部也會透過發照數量的限制，保障業者的基本商機。渡口的管理方式，便是如此。渡口的經營者繳了牌照費，當然會將成本轉嫁給行旅。素行不良的經營者，有時會勒索高額渡資，甚至謀財害命。只不過能夠標下經營特權的人，多少和官府關係良好，除非事情鬧大到不可收拾，否則官府都是睜一隻眼、閉一隻眼的！久而久之，不向行旅收錢的「義渡」，成為改良渡政的唯一希望。

海埔縱貫道之苦
府城南北路

台南、高雄境內縱貫道所經之處，今天我們已經難以想像當年曾是海埔。
行旅穿越這段路，腳上草鞋乾掉後都還會結出鹽巴呢！

　　台灣府城濱海，是南、北兩路縱貫道的起點，因此縱貫道在府城附近免不了
穿越海埔。這些海埔在幾百年前還浸在海水裡，由於台灣西南部海岸線不斷向外
推展，因此昔日的淺海逐漸淤淺，最後變成潟湖、海埔地，最後成為陸地。今天
的海岸線和清代比起來，已經向西推進好幾公里，有些地方甚至多達二十公里。
台南、高雄境內縱貫道所經之處，今天我們已經難以想像當年曾是海埔。行旅穿
越這段路，腳上草鞋乾掉後都還會結出鹽巴呢！

　　從台灣府往南，經過湖內、岡山到楠梓，大約一天半腳程。這段路幾乎就是
沿著潟湖的東緣行進。雖然說不會直接看到大海，但事實上離海岸非常近，因此
風沙很大。在文獻中曾經記載這段路風沙大到，令「行路者日不能開」的地步，
可以想見路況的惡劣。楠梓以南，縱貫道拐向東側前往鳳山，然後越過下淡水溪
（今高屏溪）抵達終點枋寮。除了末端接近枋寮有一段濱海外，一路上就都是行走
平原了。濱海有濱海的苦，但走平原也不會好到哪裡去。

　　府城南路雖說近海，尚且不至於穿越潟湖；府城以北的縱貫道，就難免徒涉
鹽鹵了。從府城往北門外一個時辰，便須穿越綿延十里的潟湖，這是「台江內海」
向內陸延伸的傑作，俗稱「坑仔底」。再往北，渡過曾文溪後，又會遇到水堀頭
（今台南麻豆）、茅港尾（今台南下營）和鐵線橋（今台南市新營區鐵線里）三道
水流。這三道水流是「倒風港」（清朝潟湖名稱）末端的分岔。這三個水陸交會之
地，早在十七世紀便形成商街，許多貨物在此辦理水陸轉運。三個盛極一時的市
鎮，直到十九世紀末都還人聲鼎沸。不過，二十世紀初鐵路、公路相繼改線，她

們因為喪失交通地位而急速沒落。今天，鐵線橋、茅港尾萎縮成小農村，水堀頭
則幾乎完全消失。

　　「水堀頭」在清代是「麻豆社」平埔族人的居住地，現今麻豆代天府所在的地
方則是當時番社的社口，也是貨物起卸的重要碼頭。早在十七世紀的時候，北
門、學甲、七股一帶，還是一片廣大的潟湖，稱為「倒風港」，船隻可以從台灣
海峽駛入內陸。水堀頭是「倒風港」東南一支水道的末端碼頭，也是南來北往縱
貫道的水陸轉運站。為了縱貫道上行旅通行的方便，必須建造跨越港道的橋梁，
這就是「水堀頭橋」的源由。這座橋經歷數次整建與重修，每次工程結束，主事
者往往刻石留念。至今水道淤塞，橋梁消失，只剩下石碑孤伶伶地矗立在田園之
間！

　　水堀頭的大起大落，全由縱貫道主宰，但卻有一段繪聲繪影的傳說。相傳
麻豆是五府千歲爺最早落腳處，但清乾隆年間，一位占地官見麻豆鍾靈毓秀，恐
出天子，遂飭令建水堀頭橋，陰壞地靈，五府千歲被迫遷至南鯤身顯靈，重享香
火，因此昔日每逢農曆三至四月間，麻豆居民都會前往南鯤身迎聖駕回鄉繞境。
到了一九五六年，麻豆居民依例迎回五府千歲聖駕，卻在途經水堀頭時挖出重達
百斤的製糖石車三十六粒，以及七十二塊巨石，正好符合「三十六天罡、七十二
地煞」之數，「重啟龍喉、再開鳳穴」的消息一經披露，前來祈安卜福的信徒絡繹
於途，極為轟動，當地信眾也在此一事件後，決定重建廟宇。現今台南市境內奉
祀王爺的廟宇，除了最著名的南鯤身代天府之外，要算麻豆這座香火最盛。

木牌上記載著毫無根據
的傳說，標題為「麻豆龍
喉的地理穴由來不可失
傳」！

「龍喉」旁有一座小公園，傳說中用來破壞風水的
石車，散置樹下。

這則傳說中所提到的「水堀頭橋」，在
清代的文獻中屢見不鮮。並不是因為它斬
斷了「龍喉」，而是它是縱貫道南來北往的
必經之地。事實上，這座橋今天早已不存
在。無獨有偶的是，距離這座橋不遠一個名
叫「西庄」的小村子，在二○○○年的春天
突然成為觀光勝地，因為這是當年新科總統
陳水扁故居的所在。風水之說，再度甚囂塵
上！

十九世紀以後，「倒風港」逐漸淤淺，
最後完全成為陸地。水堀頭的碼頭也因為港
水消退，逐漸失去作用。不過，它一直是
縱貫道的必經之地，雖然水陸轉運的功能喪
失了，但仍有一定的重要性。直到二十世紀初縱貫公路改道，向東偏移六、七公
里，繞道官田以後，水堀頭從此煙消雲散，徒留空名，連一間房子都找不到了。

就在縱貫道改線的同時，台灣的製糖業正轉型邁向機械生產的時代。明治製
糖株式會社選定水堀頭南方一百公尺的總爺村，建立規模雄偉的機械化糖廠，甚

不過是一塊石碑，竟然擺起香爐膜拜，還記載水堀頭的奇聞軼事。

至把公司的總辦公室設在這裡。依照當時法律的規定，同一個原料區只能有一家製糖工場。因此，總爺糖廠開始運轉的同時，附近的傳統糖廠便紛紛歇業。傳統糖廠用來壓榨甘蔗的石車，也全部被集中到總爺糖廠，棄置於工場北邊的荒地。這塊「荒地」，有誰知道它曾是縱貫道上的熱鬧碼頭呢？

一九五六年，距離石車棄置、縱貫道改線不過五十年，人們已經完全忘記水堀頭曾經有過的輝煌歷史。當麻豆進香團挖出所謂的「三十六天罡、七十二地煞」的時候，竟然可以為水堀頭編織出這麼一個「龍穴」的傳說來。二○○○年總統大選揭曉，好事之徒立即穿鑿附會，把出生於水堀頭鄰村的陳水扁比為「真命天子」，更加驗證了風水之說。其實，要說真有風水地理的玄機，那麼水堀頭真正的「龍脈」是縱貫道。它因為這條龍脈所經而興盛，也因為龍脈轉徙而沒落。至於什麼「真命天子」，還是一笑置之吧！

如果

◎謝謝您購買《省道台一線的故事》一書

　　為了給您更好的服務，敬請費心詳填本卡。填好後直接投郵（免貼郵票），您就成為如果的貴賓讀者，優先享受我們提供的優惠禮遇。

姓名：＿＿＿＿＿＿＿＿　□先生　民國 ＿＿＿ 年生
　　　　　　　　　　　　□小姐　□單身　□已婚

郵件地址：□□＿＿＿＿＿＿ 縣/市 ＿＿＿＿＿＿ 市區

聯絡電話：公（0　）＿＿＿＿＿＿＿宅（0　）＿＿＿＿＿＿

■您的E-mail address：＿＿＿＿＿＿＿＿＿＿＿＿＿＿

■您的教育程度？□碩士及以上　□大專　□高中職　□國中及以下

■您從何處知道本書？
□逛書店　　　　□報章雜誌　　　□媒體廣告　　　□本公司書訊
□網路資訊　　　□親友介紹　　　□銷售員推薦　　□其他＿＿＿＿

■您希望知道哪些書最新的出版消息？
□百科全書、工具書　□文學、藝術　□歷史、傳記　□宗教哲學
□自然科學　　　　　□社會科學　　□生活品味　　□旅遊休閒
□民俗采風　　　　　□其他＿＿＿＿＿＿＿＿＿＿＿＿＿＿＿

■您是否買過如果其他的圖書出版品？□有　□沒有

■您對本書的評價（請填代號，1.非常好2.滿意3.尚可4.有待改進）
內容＿＿＿＿文筆＿＿＿＿封面設計＿＿＿＿版面編排＿＿＿＿
其他建議：

■您希望本書系未來出版哪一主題的書？

讀者服務信箱 E-mail andbooks@andbooks.com.tw

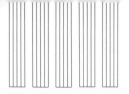

廣　告　回　函

台灣北區郵政管理局登記證

台北廣字第2296號

免　貼　郵　票

如果出版社

收

105

台北市松山區復興北路 333 號 11 樓之 4

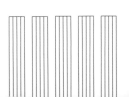

平原縱貫道之淖

大甲至枋寮段

十八世紀以後，漢人農業拓墾逐漸開花結果，路況的惡劣卻來自人為的
阻礙，那就是「圳溝」和「積水」。

　　瘋狂的縱貫道運材，以及瘋狂的郁永河牛車之旅，隨著彰、雲地區水田的開
闢，成為絕響。在草萊未闢之前，縱貫道大甲溪以南至台南間路況惡劣的原因，
來自於天然環境的限制。十七世紀末年郁永河所經歷的艱辛，就是這種。十八
世紀以後，漢人農業拓墾逐漸開花結果，路況的惡劣卻來自人為的阻礙，那就是
「圳溝」和「積水」。十八世紀初完成的《諸羅縣志》，曾經描寫平原區路況的惡劣：

　　　北路、夏、秋行路之難，中土未有。水深泥淖，車牛重載，往往傾
　　覆。固由淫潦相繼，亦土性不堅，沙灰淤陷；而陂田蓄水，車牛往來雜
　　遝，故處處坑塹，非盡秋霖之故也。

牛車是道路的殺手，其威力較
之今天的砂石車，有過之而無
不及！

　　西元一六八〇年代，漢人在嘉南、高屏地區已經站穩腳跟。進入十八世紀後，漢人的拓墾腳步急速向嘉南平原和彰化平原推進，各處都在開闢水田、建築灌溉溝渠。不巧的是：最早開闢的溝渠，大部分免不了和縱貫道交叉，造成縱貫道路的阻礙。原因是所有溝渠的取水口，必定選在河流上游水位較高處，溪水才會順著地勢流入圳溝，最後灌入農田。因此，圳溝的源頭幾乎都集中在平原東側的山腳下，如樹枝狀的渠道便散布在平原的東半部。很不幸地，縱貫道幾乎就是沿著平原的東半部貫穿南北的。此外，圳溝的走向清一色由東向西，南北向的縱貫道一條也閃不開。

　　水圳的小支線比田面高，大支線又比小支線高。因此，與田面等高的縱貫路面，遇到圳溝的時候，必須「高跨」。另一方面，天然的溪流地勢低於地面，當道路穿越溪流時，就會「低切」。對於人來說，不管是「高跨」或者「低切」，兩者都沒有困難。但是對於笨重的牛車來說，涉過溪水還勉強可以，但要跨越圳溝就困難重重。雖然圳溝很窄，只要擺幾塊木板或竹竿就可以搭成橋梁，讓行人通行，但是這些脆弱的橋梁絕對禁不起車輪的壓力。更何況，牛車是不可以直接涉過圳溝的，牛車的木板輪子就像一把利刃，當車輛滿載的時候可以輕易切斷溝壁，造成溝水外溢。古代沒有強制責任險，壓斷圳溝可不是車主賠得起的！由於圳溝限制了牛車的行動範圍，結果造成牛車只能作小區域的運輸。郁永河如果晚二十年走縱貫道，恐怕就不能坐牛車「走透透」了！

　　除了溝渠之外，積水是縱貫道的另一個殺手。彰化以南的平原上，到處都有牛車的蹤跡。縱貫道沒有圍欄，不能禁止牛車上路。更何況，就地區運輸的觀點來看，縱貫道本來就是地區路網的一段，和其他農路沒有太大的分別。因為溝圳限制縱貫道上沒有長程牛車，但短途的牛車卻出入頻仍。這些牛車是縱貫道的一大殺手，因為他們會導致路面積水。

　　打個比方：古代的牛車就好比現代的砂石車、聯結車。現代台灣最糟糕的路面，多半都是因為砂石車、聯結車通過頻繁，才會把路面壓成坑坑洞洞的。古代沒有橡皮輪胎，牛車的車輪只是一片薄薄的木板，自然會在路面上刻畫出深深的轍痕。再加上縱貫道是沒有路基、沒有鋪面的，因此更加脆弱。車輪通過路面，就好像刀子劃過生日蛋糕一樣。於是，縱貫道上只要有牛車借道通行的地方，路面便會滿布輪溝，一旦下雨，立刻積水。水會軟化土地，讓路面更加鬆軟，最後

遇到水流阻攔，人走竹橋，牛車則非得涉水而過，從這張圖可以看得一清二楚。

圳溝為了灌溉，因此水位必須比田面高。

的結果便是文獻中所說的「處處坑塹」了。後來通過的牛車，如果強行通過積水的路段，很容易因為左右兩輪陷入深度不一，導致重心偏移而翻車。文獻中所說的「水深泥淖，車牛重載，往往傾覆」，就是指這種情形。

為了避免翻車的危險，遇到積水的路段，牛車往往從旁邊繞道而行。同樣地，行人為了避免沾濕褲腳，或者擔心滑倒，也會避開積水。久而久之，新的車轍和腳印又開闢出一個新的路段。而舊的路面因為無人行走，很快就被雜草覆蓋了。當然，新的路面在一段時間之後，也會因為積水而遭遺棄。人車會再殺出一條新路，而這條新路很可能就是幾代前的舊路。

這種原始的道路是有生命的，它像蛇一樣在地表上蜿蜒，隨著時間左右擺動。嘉南平原上的縱貫道，和平原上的河川一樣，路徑永遠擺動不停。河流擺動的結果，在地表上留下許多牛軛湖；道路擺動的遺跡卻很快被雜草淹沒。如果我們從很遠的高空向下觀察，縱貫道百年來都是固定不動的。但如果從比較低空來觀察，就會發現其實他是不停在扭曲擺動著，從來不曾停歇，直到有一天，有人為他打造「路基」和「鋪面」為止。這一天，縱貫道足足等了二百多年！

當轎子與牛車相會

十九世紀末，一位洋人沿著平原區的縱貫道旅行，記載一段轎子和牛車相會的有趣情節：

我們在路上不斷地遇著一些裝載甘蔗的大運貨車，它們有著實心獨輪盤、發出叫聲的車軸、不甚逗人喜歡的水牛；這種運輸工具是頗為原始性的。……因為車輪從不上油，它們便發出一種非常刺耳的聲音，比中國大陸上所用手推小車的聲音更為難聽。這種遠處即聞的聲音，當我們到達只容一輛車子通過的仄徑時，卻並非沒有用處。轎夫和車夫都已有了相當習慣，聽到這種聲音便能知道在這發出預告的運貨車走進那段仄徑之前，他們是否能有時間通過，或是他們應當停住以待那運貨車走過。在某些地方，路僅寬到能容一輛運貨車通過，如果一乘轎子和它遇上，它便非走回頭路不可，因為轎子較容易操縱，或不如說較容易抬走。

沙岸縱貫道之潮

大甲至新竹段

除了沙地和沙丘之外，沿著海岸行走還會遭遇一個更大的困難，
那就是過「渡」的問題。

　　北路縱貫道以大甲溪為分界，溪南經過彰化、嘉義直到台南基本上都是穿過平原，只有在鐵線橋以南有比較多的海埔地。大甲溪以北到竹塹（今新竹市），受限於天然的地形，縱貫道在山與海的夾擠之下，被迫行走海濱。

　　長久以來，大家總有一個模糊的印象，認為在清代陸路交通還不是很發達的時候，旅行者大多採取「邊海而行」的行進路線，但事實並非如此。就常理而言，瀕海而行真的是不得已的下下之策，如果環境允許，應該沒有任何一個旅人會自找麻煩地行走海岸。第一，台灣西海岸很多地方都是沙丘或潟湖，徒步難以穿越。二十世紀以後，政府投注大量的精力和資源，沿海建築堤防，廣泛種植防風林，才有今日比較穩定的海岸線。在二十世紀之前，距離海岸太近的道路，在一陣海風吹襲後，很可能就被塵土覆蓋得無影無蹤。強風過後，會生成新的沙丘，也會讓許多舊的沙丘

日本時代政府大規模種植木麻黃，游移不定的沙丘才被「釘死」在地面上。

上圖：乾隆時代的地圖，誇張地繪出白沙屯段縱貫道。道路循著丘陵的稜線前進，清晰可辨。
下圖：清代白沙屯段的縱貫道，竟然保留至今，沒有拓寬，令人心曠神怡的風景仍舊。雖然早就被人們遺忘，但她仍然和乾隆時代一樣，緊緊依著稜線前進。

消失；如果不是那些刻意種植的木麻黃，今天我們就還能夠目睹這種自然景觀。這樣的沙丘，常常能夠深入陸地好幾公里，並不限於海灘邊。所謂的「邊海而行」，不管是距海五公里、一公里還是緊臨海灘，都免不了遭到沙丘的攻擊。此外，沙地本來就難以行走，如果非得濱海而行，也是要腳踏「實」地。

　　縱貫道彰化以北的路段，在十八世紀初成為官道後，大甲以北至竹塹之間的路段，大致上便採取臨海的路線，但仍有些例外。遇到山脈直逼海岸，連立足之地都沒有時，也只好穿越丘陵。像白沙屯（位於今苗栗通霄）、烏梅崎（位於今苗栗後龍）和老衢崎（位於今苗栗竹南），便都是這種例子。這些丘陵說穿了只是比較大、已經穩定下來的沙丘罷了，行旅仍須踩著難行的沙子前進。其中白沙屯段縱貫道行走稜線，向東俯瞰打叭溪（今西湖溪）山谷，向西展望台灣海峽的波濤，一路上視野良好，是縱貫道上有名的景點。此外，老衢（咾咕）崎段也頗負盛名。北上的旅人走了將近兩天細沙路，在此攀登咾咕石（珊瑚礁岩）的坡道，自然印象深刻。

　　除了沙地和沙丘之外，沿著海岸行走還會遭遇一個更大的困難，那就是過「渡」的問題。在現代河川整治之前，台灣西部的河流是處於一種散漫不定的狀態。河川的中、上游尚未出山前，河床受到地形的限制，流路較為穩定；一旦出山進入平原之後，因為河床坡度變緩、砂石沉積以及地形平坦等因素，就會成放射狀地散流出海，而且主流變遷不定。面對這樣困難的交通條件，如果要從事南北向的旅行，最好的辦法就是沿山腳而行；因為這樣才能選擇在河流出山不久、流路較為穩定且尚未散出太多條河道的時候穿越。除了河流之外，海岸邊又有海汊，一旦遇到漲潮，即使是小海汊也難以通過。郁永河從台灣府沿山北行到淡水，共須涉大小溪流九十六條；如果他改成沿海而行，需要涉水的地方恐怕不下一千處吧。

　　現代內政部將台灣的河川依照規模大小分成「主要河川」、「次要河川」及其他幾個等級；而清代縱貫道上「非舟不渡」的大概就是指那僅約十條主要的河川。但如果清代的縱貫道是沿海而行的話，那麼不要說主要河川、次要河川，即使是無名的小溪、水溝和海汊，它們在出海口處都非得用小舟過渡不可。就算真的普設渡口，也會因為河川流路不定而必須隨時遷徙，擺渡者將不勝其擾，而且無法經營下去。不只是那些規模較大的出海口，許多平常涉水可過的地方，一遇漲

這就是老衢崎段坡道，今天的縱貫省道已經向東偏移改線，舊道則只有地方民眾往來通行。

潮也都無法通行。每天潮水的時間隨月球運轉延後五十分鐘，且一日之內就有二次漲潮，潮滿的時點可以落在一天中任一時辰，並不固定發生在白天或者黑夜。如果非得沿海而行，受到一次滿潮的阻擋後，必須估計未來的路程，預先避開十一・五個小時之後會在河口遇到的大潮，否則就只能望洋興歎了。更何況許多渡口不必等到潮滿，即使潮水退到底時也不可能徒涉。康熙年間北路營參將阮蔡文，曾經從諸羅縣治一路北巡至淡水。他在經過吞霄港時，就遭遇到潮水阻路的困難，有詩為證：

來時北渡正三更，歸日微明復到此；過港應須及退潮，稍緩須臾徒延企！以茲來往不成眠，雞鳴夜半行裝起。平時擁被五更寒，今夜匆匆胡乃爾？風捲濤飛天雨急，從人盡是征衣濕。

「風捲濤飛天雨急」，果然嚇人。行旅至此，臉上的究竟是雨水、海水還是淚水，恐怕只有自己知道了！

台地縱貫道之毒

竹塹埔行百里無人煙

這段路途所經過的地方，相當於今天桃園縣和新竹縣境內的台地地區，
沿途有三害：「瘴毒」、「生番」與「野水」。

　　從竹塹（今新竹市）北邊不遠的鳳山崎（在今新竹縣竹北市、湖口鄉、新豐鄉
交界上）為起點，經由大溪墘（在今桃園縣楊梅鎮內）到南崁的這段路，可以說是
北路縱貫道惡名昭彰的區間。這段路途所經過的地方，相當於今天桃園縣和新竹
縣境內的台地地區，沿途有三害：「瘴毒」、「生番」與「野水」。

　　首先談「瘴毒」。清代初年的時候，台灣主要的人口集中在南部。南部的天
氣型態，是春、冬少雨，夏、秋多雨。北部台灣則相反，冬天因為東北季風旺
盛，因此難得放晴。在草莽未闢的古代，只要濕氣過重，輕則傷風，重則罹患傳
染病。因此，從南部台灣府城出發的旅人，走到後龍、新竹以北，大概就會感受
到氣候的轉變了。冬春之季，從南部北上的旅人，習於嘉南平原的乾燥，到此卻
濕濕黏黏，全身都不對勁。夏秋旅人習於南部的濕熱，到此反而轉涼。特別是清
晨的曉風，往往帶有三分寒意，不到中午立即轉為燥熱，連個遮蔭之處都很難覓
得。氣候已經如此惡劣，還要冒著生番出草的威脅，涉過橫流四溢的野溪，真不
是一般人所能忍受的。

> 竹塹、南嵌道中，曉風微寒；至午則風變而熱；反幸其無風。故客
> 觸之而患病者多。臺人苦夏、秋之雨。竹塹以北，雨陽亦異：夏、秋常
> 旱，冬、春多陰風細雨，或驟雨如注，人日在煙霧中，瘴毒尤甚。

　　值得注意的是，上文所稱的「臺人」，指的是聚居台灣府城附近的南部人，
並非泛指全台灣島的居民。除了水土惡劣之外，這段路在十八世紀初的時候，民
居還很稀少，因此中途難覓歇腳之處。

左圖：桃10號鄉道，就是十八世紀的縱貫道。現在的台一線省道在她南方平行而過，則是十九世紀初改線後的結果。
右圖：桃10號鄉道路旁的水溝，其前身就是清代的土牛溝。在這段區間，縱貫道和土牛溝（番界）並行，至今地名仍保留「土牛」之名。

頭重溪號稱九十九溪的第一條，如今已經加蓋成為停車場。圖為台一線省道的「頭重溪橋」。

竹塹過鳳山崎，一望平蕪；捷足者窮日之力，乃至南崁。時有野番出沒，沿路無村落，行者亦鮮；孤客必倩熟番持弓矢為護而後行。野水縱橫，或屬、或揭，俗所云九十九溪也。遇陰雨，天地昏慘，四顧悽絕。

在十八世紀初的時候，竹塹埔這段路，是縱貫道上最危險的路段，「天地昏慘、四顧悽絕」。不過，誠如藍鼎元所說：「郡城、淡水，上下必經之地，不能舍竹塹而他之，雖甚苦，亦不得不行云」。但其實，就在此時一條新的捷徑出現，文獻中稱之為「內港之路」。

讓我們重新歸納一下北部縱貫道的路線變遷。首先，打從十七世紀中開始，行旅從竹塹北上，經波羅汶、大溪墘（今桃園楊梅鎮內）到南崁，從南側爬上林口台地，再從北側「太平嶺」下台地，沿著海岸到八里，然後過淡水河抵達對岸的淡水，最後乘船進入台北盆地。康熙末年，也就是十八世紀初的時候，台北盆地內逐漸繁榮，分踞大漢溪兩岸的新莊、艋舺開始形成商街。此時，行旅不再繞道淡水、八里，而是直接從台北盆地出發，循大漢溪左岸南下，經樹林、山佳、鶯歌直達大溪墘，進而南下竹塹。依照當時人的習慣用語，台北盆地被稱為「內港」。於是，這條新的捷徑就被稱為「內港之路」，逐漸取代南崁那條舊路。

「內港之路」並不經過桃園，幾十年後當桃仔園（今桃園市）市街逐漸興起，自然而

縱貫道龜崙嶺路段，以沿途茂密的相思樹著稱。

然又產生了一條新路。這條路從「內港之路」上的樹林直接岔出，翻越「龜崙嶺」（今名大棟山）鞍部，沿著「社後坑」溪谷下坡，便能直達桃仔園。至於原本走山佳、鶯歌的那條路，則因為大漢溪河道時常遷徙，阻斷道路，反而不如龜崙嶺那條山路保險。經由「社後坑」的這條山路，在十八世紀後半逐漸成為縱貫道的正線。於是，從竹塹北上，縱貫道經過大溪墘、中壢、桃園，然後翻越龜崙嶺抵達新莊，接著渡過大漢溪便是艋舺了。

馬偕醫生的一段旅程

馬偕一八七二年三月途經太平嶺，記下所見所聞： 我們沿著淡水河北岸河堤，向港口前進，不久即到渡船場。乃由此過河到對岸，過河之後，我們都脫下皮鞋，放入挑夫所挑的籃子裡，把褲腳捲到膝上，從小船上跳到燦爛耀眼的沙地。這時太陽方升上來不久，炫麗異常，潮水亦已退去，多沙的海灘上，由於潮水方才退去，令人覺得清潔和冰涼，我們都為之而興高采烈，很是愉快。未幾，遇一野徑，此徑蜿蜒穿入稻田間，直通內陸。步行一、二小時之後，登上一高原，這高原上的景象，非常可愛，處處散見縱樹小林，間有一、二農家，屋外遍植著修長的竹叢。這是早春的季節，多草的曠地上到處盛開著蒲公英，紫花地丁及許多不知名的野花。百齡鳥高歌於天空，清靜的大氣裡只聞牠們的歌唱聲，清脆悅耳。我們又下了山坡，走入寬廣的稻田裡，不久即走到公路邊。

岩岸縱貫道之險

跳石而行

行走沙岸固然艱困，但行走岩岸也不見得輕鬆。淡水到雞籠之間，
自古便以「跳石」之苦聞名。

　　淡水以北到基隆的道路，自十七世紀中葉以來，就有兩條走法。第一種途徑
是從淡水沿海岸線而行，取道今天的三芝、石門、金山、萬里，最後抵達基隆。
另一種則是走水路溯淡水河而上，一進關渡口以後轉進基隆河，然後經松山、南
港、汐止直到八堵上岸，最後步行翻越山崙抵達基隆。根據康熙年間的文獻記載：

　　　　淡水至雞籠有東西兩路：西由八里坌渡砲城，循外北投、雞柔、大
　　遴、小雞籠、金包裏諸山之麓，至雞籠內海可一百二十里。沿路內山外
　　海，多巨石；巉巖碁跱，相去數武，其下澗水，淺深不一。行人跳石以
　　渡，失足則墜於水。東由干豆門坐蟒甲，乘潮循內北投、大浪泵至峰仔
　　峙，港大水深（過峰仔峙不復有潮），泝灘河可四十里；而登岸踰嶺十
　　里許，即雞籠內海。兩路計程不甚相遠，勞逸險易亦大略相等。

　　這二條道路，早在十七世紀中就並行不廢了。兩條路「計程不甚相遠」，而
且「勞逸險易亦大略相等」。然而到了一七二○年代，「東路」（溯基隆河而上那
條）卻被官府禁止通行。原因是受到喧騰一時的「漢番」問題牽累，官府在畫定漢
番界線時，將峰仔峙（汐止）列為禁區，禁止漢人進入。從此以後，淡水往雞籠
的「合法」道路，就剩下沿海的那條。

　　淡水到雞籠間主要是礁岩海岸，和淡水以南以沙岸為主不同。行走沙岸固然
艱困，但行走岩岸也不見得輕鬆。淡水到雞籠之間，自古便以「跳石」之苦聞名：

　　　　跳石：在廳治東北二百八十五里。亂石疊於水面，自八里坌至大雞
　　籠城跳石而行，計長四十五里；惟土番能之。

左圖：十八世紀初繪製的地圖，雖然金山、石門一帶的地形錯亂難解，但岩岸礁石的特徵卻很明白。縱貫道穿過石門洞以及行走岩礁的情形，也被誇大繪出。

下圖：十八世紀中繪製的地圖，山川形式較左上圖正確多了。縱貫道穿越石門洞仍然是表現的重點，同時「跳石而行」的路況也以文字詳細註記下來。

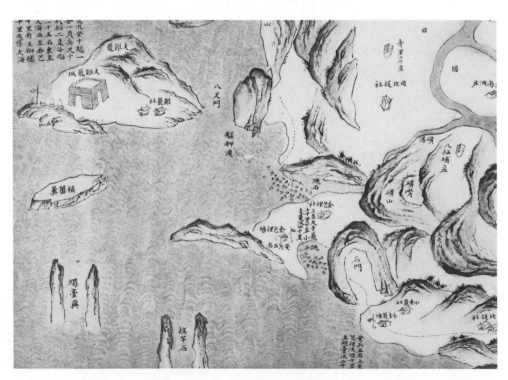

　　康熙五十年（1711）陳璸北巡台北，就曾記載通過這段路時，「行人跳石以渡，失足則墜於水」。記載淡水至雞籠間路線最詳細的，要算是乾隆年間古地圖上的一段註記了：

　　　　由八里坌過港，十五里至圭柔山社，十里至大屯社，七里至八芝遴社，五里至雞籠山。過二重山，沿山邊五十里至大海墘一帶，跳石頭路三十里至金包里社。離社十餘里另有磺山二座：一名沙浣山、一名脫浣山，氣能通大屯山。又從橫山腳二十里至支包用，三十里至新城，可觀雞籠城一帶。由新城下十里抵海墘，行過練、過溪五里、又過三重山三十里抵海；又沿海邊跳石頭，有處穿石板，行至貓里山。此處不時有見海翁魚，魚能吐龍涎香。十里過木里山至八知簡山腳，十二里抵海無路，放火為號，令大雞籠汛駕艋舺船至大雞籠城。

坐在火號山頂俯瞰大雞籠（今和平島）。少了擁擠的房屋和碼頭設備，一、二百年前的旅人，走到這北路的終點，看到的壯闊景色應該比今天美麗得多吧！

　　當初旅人「跳石頭」之處，今天地名就叫做「跳石」。既要跳石頭，又要穿越石板，翻越好幾重山脈後，大雞籠（今和平島）終於在望。此時已抵達道路的盡頭，要完成最後一段旅程，必須在海邊升起狼煙。位於和平島上的駐軍看到煙火信號，便會派出艋舺小船前來迎接。這個「放火為號」之處，就在今天基隆市仙洞海邊，至今地名仍然叫做「火號」。一般而言，艋舺小船都是用於內河航行，只有在雞籠內海的規模最大：

　　　　蟒甲，以獨木為之；大者可容十三、四人，小者三、四人。划雙槳以濟，稍欹側即覆矣。番善水，故雖風濤洶湧，如同兒戲；漢人鮮不驚怖者。唯雞籠內海，蟒甲最大，可容二十五、六人；於獨木之外，另用藤束板為幫，於船之左右。蓋港面既寬，浪如山立，非獨木小舟所能濟也。

　　在所有的紀錄中，最誇張的描述是，雞籠和八里坌間陸路有一百多里，「崎嶇跳石以行，凡三、四日乃至」。如此短暫的路程，路況再糟糕也不致於要花上三、四日的行程，不過從這種誇大的描述，也反映出這段道路路況的惡劣，的確令行人印象深刻。

大將軍福康安的交通新政

林爽文亂事平定後的交通新政，對縱貫道的路況沒有多大的改善。
但是，善後新政中「重定番界」的一項，卻對縱貫道影響深遠。

　　一七一〇年代北路縱貫道從彰化延伸到基隆以後，除了一七五〇年在桃園地區路線稍有變更之外，其他地區都少有變化。一七八〇年代末，台灣地區爆發清代最大規模的「山賊」叛亂——林爽文之亂。亂事好不容易平定，一八〇〇年代又有清代規模最大的「海寇」騷擾——蔡牽之亂。這些亂事不僅對百姓生命財產造成極大的破壞，同時也刺激了官府調整許多「對台政策」。因應這些變局，一八一〇年縱貫道有了新的面貌，而且這個面貌將持續到十九世紀末，日本政府建築現代公路為止。

　　林爽文之亂平定後，官兵主帥福康安繼續執行「善後」案。半年後向皇帝呈上「結案報告」，其中對於台灣的交通問題，也提出建議：

　　　　各處通衢要路，本不寬展，久被賊匪剷削裹窄，數人不能並行。
　　臣福康安帶兵進勦時，均繞道由稻田行走，交春以後，引水灌田，尤為
　　泥濘難行。況現已添設馬兵，遇有搜捕盜賊，馳突尤非所宜。應於秋冬
　　農隙之時，令地方官逐加履勘，酌以一丈五尺為度，一律修整，以壯觀
　　瞻，而通行旅。

　　以上建議，經過皇帝發下軍機處研擬，最後決定採行。不過，從事後的結果來看，台灣地區的官員完全沒有執行。福康安建議增加的「馬兵」，其實早在一百年前就有，只是基於台灣交通的特殊狀況，僅存虛名罷了。如今重來一遍，依舊不能貫徹。至於所謂的「通衢要路」，主要就是縱貫道。要地方官在農閒之際，發動百姓義務勞動，整修道路，無異緣木求魚。事實上，除非在交戰的狀

態下，否則在天下太平的時候，官府是沒有隨便發動義務勞動的道理的。如果真要執行，唯一的辦法是向有錢人募捐，有錢人捐不足的部分，才有可能叫窮民以工代捐。清代台灣最大的工程是建築城池，鳳山建城只用九萬二千元，淡水廳城號稱天價，也只花費二十萬六千多元。真的要修縱貫道，絕對比建城昂貴。

不過，要修一條五尺寬、步行可通縱貫道，至少得花數十萬元。如果照福康安建議的標準，是五尺寬度的三倍，而且必須讓馬匹通行無阻。在沒有中央「專款專用」補助的前提之下，僅憑一紙公文，是不可能叫地方官員照辦的。當然啦，中國的政治是很微妙的！上上下下各級官府都知道：只要不出事，沒有人會去追究政令是否被貫徹。

甘蔗長得比人還高，而縱貫道又常常穿過蔗園。在林爽文之亂中，官兵傷亡最慘重的幾場戰役，幾乎都是行軍經過蔗田時，遭遇甘蔗叢中的埋伏造成的。

福康安結報善後事項的同時，也對渡政有所建言：

> 其淡水溪、灣裏溪、虎尾溪、大突溪、大肚溪、大甲溪等處，水深湍急，徒涉為難，每屆山水驟漲，月餘不通往來，每處應設船二隻，傳送文書，渡載民人，實於公私兩有裨益。

當然，這又是一個切中要害的建議。淡水溪（今高屏溪）、灣裡溪（今曾文溪）、虎尾溪（今濁水溪）、大突溪（今舊濁水溪）、大肚溪和大甲溪等，的確是台灣最大的幾條溪流。縱貫道跨越這幾條溪的渡口，也是最重要的交通要衝。各地拘泥成規，有的「公營」、有的「公辦民營」，絕大多數則被豪強霸占，實在有改革的必要。可惜的是，這個建議地方官也執行不力，有些溪流真的設立官渡，但不到幾年就名存實亡了，更何況有些渡口根本沒動靜！

　　林爽文亂事平定後的交通新政，對縱貫道的路況沒有多大的改善。但是，善後新政中「重定番界」的一項，卻對縱貫道影響深遠。接著到來的「蔡牽之亂」，使得官府在台北加派重兵，同時將宜蘭納入版圖，更促成了北部縱貫道的大改線。

直到清末，像這樣子鋪有石條的路面都是奢侈品。圖中高水準的路面，只出現在大稻埕和台北城內，就已經算是劉銘傳引以為傲的「自強新政」之一了。

蛻變與重生——
十九世紀的縱貫道

第四章

十九世紀縱貫道的新局面

行政上的新規模，加上番界的重劃，直接導致縱貫道路線的改變。

十八世紀末台灣除了有山賊作亂（林爽文之亂），接著又有海寇聚嘯（蔡牽之亂），官府疲於奔命。穩定了一個世紀的行政和軍事規模，因此而有了改變，包括噶瑪蘭設治，以及在台灣北部增兵。此外，林爽文之亂暴露出的山地問題，也迫使官府將封禁放寬，番界因此向山區大幅度推進。行政上的新規模，加上番界的重劃，直接導致縱貫道路線的改變。

這次改線，可以一八〇八年做為分界，主要分為三個區間。第一段是艋舺以北放棄迂迴北海岸的路線，改走基隆河直達雞籠。第二，艋舺以南到竹塹之間，路線也向山地偏移。這兩段新的路線，在上個世紀都屬於番界禁區，至此才重新開放。最後，彰化斗南間路線也有調整，主要是配合市街的遷移；而這些市街之所以遷移，則是為了躲避洪水的禍患。

除了路線的改變，渡政也有了起色。大甲溪以南的主要渡口，在地方人士的發起之下，許多都改成了義渡。相對於這些民營的義渡，大甲溪以北的渡口則在一八三七年統一為官營的義渡。

擺渡不能解決交通問題，根本之道還在建橋。一八八二年的大甲溪建橋壯舉，雖然慘遭失敗，但也揭示了未來的趨勢——一是政府出面進行交通建設、二是現代工程技術及材料的引進。兩者都在一八九五年清帝國割讓台灣以後，由日本統治者來完成。

十八世紀末，中國東南海域出現一群海盜，靠著搶劫商船逐漸坐大。海上交通變得危險異常，商業貿易的景氣也跟著下滑。這些海盜的大頭目叫蔡牽，台灣

在這張乾隆年間繪製的地圖上，可以看到建於縱貫道上的望樓。距離這座望樓不遠，就是著名的大坪山隘口。直到十八世紀中，這裡仍是「生番」出沒無常的地方。縱貫道上的旅行，因此備受威脅！

及中國沿海的許多港口，都曾遭到他的洗劫。當海面上商船越來越少，這群海盜乾脆闖入港口，直接上岸行搶。十九世紀的頭幾年，安平、鹿港、艋舺等商業繁榮的港口，都無法躲過蔡牽的毒手。蔡牽之亂雖然對海上商業打擊頗大，但也迫使官府更加重視北台灣的統治，甚至將原屬「化外之地」的宜蘭納入版圖。

　　另一方面，台灣中、北部山區也開始出事情。一八一〇年代官府才正想辦法籌劃宜蘭設治，到了一八二〇年代埔里、苗栗山區又因為漢人侵入原住民地盤，招惹出許多是非，甚至驚動到閩浙總督。在中國官場的政治生態中，總督、巡撫被視為「封疆大吏」，他們的意見通常能夠得到中央政府的接納。地方事務的改革，特別是涉及制度性或結構性的問題，沒有總督的支持和重視，往往不可能實現。

　　一八二〇年代的埔里社「侵墾事件」，以及一八三〇年代初的「番割黃斗乃之亂」，都暴露出中、北台灣山地問題的複雜，以及官府統治力的薄弱。根本的結構性問題已經呼之欲出，那就是十七、十八世紀以來，以南台灣為中心的統治設計，在中、北台灣的快速發展之下，顯然已經失去重心。

　　經歷以上種種教訓，清帝國意識到了台灣南北不均衡所引起的弊病，並且著手改善。其中最重要的改革，除了創設「噶瑪蘭廳」之外，還在台灣北部增兵。這些新增加的部隊，主要集中在艋舺（萬華）。在此之前，台灣島內政府機關所在地，最北到竹塹（今新竹市），此處設有「淡水廳」政府。淡水廳政府雖然在艋舺設有分部，但層級太低。另一方面，台灣鎮最北的一個營位於艋舺，且編制很小。因此，就官方的立場而言，北路縱貫道往來比較頻繁的路段，只到新竹為止，新竹以北的通行量就小得多了。這種狀況，在一八一〇年左右有了突破。

　　一八一〇年代，噶瑪蘭廳（管轄今宜蘭）正式掛牌。從基隆向東延伸到宜蘭、蘇澳的陸路通道，必須建立成為正式的「官道」。竹塹到艋舺這個路段，從「北路」的尾閭變成腰幹，交通量大增。同時，以艋舺為首的台北盆地地區，農商日益繁榮。艋舺以北的縱貫道，先前經淡水循北海岸繞道基隆，此時也因為噶瑪蘭設治，改走北基走廊這條捷徑。在林爽文之亂前，基隆河汐止以上屬於番界禁區，民人不可任意進入，因此北基走廊不能暢通。林爽文之亂以後，禁令解除，汐止迅速發展成艋舺和雞籠間的中繼站。另一方面北海岸舊線則日益凋零，縱貫道終於在一八一〇年正式改線。

　　嘉慶以後，竹塹至桃仔園間的路段，也經歷了一次大規模的改線。早在康熙末年就成形的縱貫道和內港道，其部分路段，在一七六〇年官府開挖土牛溝的時候，被當作番界。官府利用縱貫道，沿著路旁挖水溝、堆土牛，同時縱貫道也被釘死，不能越界改線了。理論上官道以東皆屬番界，禁止民人進入開墾，然而利之所在，絕非一條番界所能阻擋；事實上漢人開墾的範圍早就伸入土牛界線之內了。一八〇八年浮上檯面的新官道，許多路段都是在原來的番界之內，我們相信早在乾隆後期，這些路線已為民人所利用了。林爽文亂平之後，福康安重定番界，這條新路終於轉為「合法」的了。此後，新線逐漸取代舊線的地位，政府終於在一八〇八年將內港道上的塘汛全部裁撤，其兵力則轉移到新官道上，沿途建立起一連串的新汛。這條新的官道起自竹塹城，循著舊縱貫道的路跡而行，渡過

鳳山溪、登上鳳山崎頂之後，馬上岔出新路，改由東北行，經大湖口、四腳亭、崩埤、楊梅壢、頭重溪、土牛溝、中壢、崁腳、桃園以達新庄。乾隆時期的舊道和內港道，則降為次要道路了。

縱貫道改線沒多久，一八三五年修纂的《淡水廳志》中，有一條記載是：「舊大路在長岡嶺西。海埔遼闊」。這裡所謂的「舊大路」，就是指那條走大溪墘，在一八○八年正式被廢棄的縱貫舊路。不料，到了一八七一年重新改版的《淡水廳志》中，卻誤抄為「舊大路在長岡嶺西海埔」，不僅原文「遼闊」兩字遺漏掉，最嚴重的就是把兩個獨立的句子合併，語意嚴重扭曲。舊版方志的原意是說：「以往大路位於長岡嶺西側」，而長岡嶺距離海邊還非常遙遠，所以說嶺西還有非常遼闊的海埔地。這句話經過新版方志傳抄後，道路所在地竟然變成「長岡嶺西邊的海埔」。進入二十世紀，一八二五年的方志已經散佚，一八七一年的版本卻普遍流傳。後人輾轉引用，最後便發展出南北大路係「濱海而行」的錯誤觀念了。

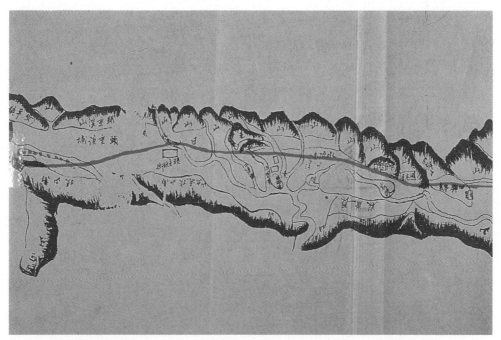

這條粗線就是新縱貫道所走的路徑。從圖中可以清楚看出，道路東西兩側山脈夾峙。今天我們不論行經中山高或台一線，走到楊梅、湖口路段時，還能看到兩山夾峙，路行山谷的風景。

水陸並進　打通北基走廊

十九世紀初，由艋舺經水返腳至八堵的這條「北基走廊」，成為縱貫道的
正途，直到今天都沒有改變。

　　早在十七世紀上半，西班牙人便在基隆和淡水兩處建立城寨，派兵駐紮。他
們對北台灣的認識，只停留在這兩個海口，台北盆地內的居民和地理風土，外界
所知無多。十七世紀中葉荷蘭人擊退西班牙人，也只是將重心放在兩個海口，並
未積極向台北盆地內滲透。

　　就戰略和防衛上的考量而言，台北盆地具有潛在的價值。從壞的方面著想，
荷蘭人雖然無法深入控制台北地區的平埔族，但至少要保持最起碼的友善關係，
以解除可能來自陸地上的威脅。從好的方面著想，平埔族還可以提供他們物資和
勞力的補給，確保兩個海口的戰力。可以想見的：聯絡基隆和淡水的陸路孔道，
必然具有高度的戰略價值。為此，一六五四年荷蘭人在台北地區作了一次實地調
查，詳細記載了從基隆到淡水的交通路線，這是歷史上關於「北基走廊」最早的
記載。根據荷蘭人的報告，北基走廊的交通路線和交通方式，竟然和十九世紀末
一模一樣，連細節都維妙維肖，若合符節，委實令人驚嘆不已！

　　根據荷蘭文獻記載的路程，從基隆出發，首先南向溯溪而上：

　　　　從雞籠港灣沿著小河流到八暖暖地區或山嶠之路。可用艋舺航行，
　　亦可由金包里步行，約一個半小時多可抵達。惟由於小溪流乾潤，航行
　　不便，必須連續走三次，但可以命令金包里番人前來幫助。

　　上文所稱的「金包里」番社，位於今天的基隆港邊，並非清代文獻中位於今
天金山鄉的「金包里社」。從基隆港邊出發往南，荷蘭人循著一條小溪上溯。這
條小溪水量很小，勉強可以使用「艋舺」小舟航行，但也可以採取陸路步行的方

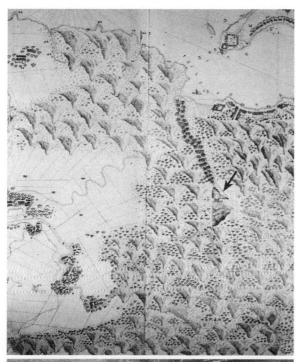

這是一六五四年荷蘭人所繪製的地圖。最上方的港口是現在的基隆。港口下方延伸出一條兩岸長滿樹木的河流，直到一座山峰的山腳。一條瀑布（箭頭所指處）從山腰上急傾而下，瀑布旁一條道路拾級而上。這條路就是今天縱貫道的前身，河流是今天的石硬港，山峰是竹仔嶺，瀑布叫做「雙龍瀑布」。即使經歷了三百五十年，此情此景仍歷歷在目，沒有改變。

中法戰爭時，登陸基隆的法軍沿著大路南下，在攀登竹仔嶺時看見「雙龍」瀑布，留下這個素描。

式。這條小溪正是今天的「石硬港」，沿著溪邊的南榮路，至今縱貫公路（台五線）仍是打此通過！小溪的盡頭，矗立著一座稱為「八暖暖」的山崙：

　　　　八暖暖是橫隔淡水與雞籠之間的障礙，上下攀登之時，有意外的陡峭山坡，許多地方路徑狹窄，土質鬆軟、滑溜，相當危險。此山大約一小時之內可攀越。

這座短短的隧道，汽車不消半分鐘便呼嘯穿越。在一六五四年荷蘭人踏查此處時，這座隔斷「八暖暖」的陡峭山地，卻必須花費一個小時才能穿越。

八暖暖是石硬港和基隆河的分水嶺，需要一個小時才能穿越。這座山今天稱為「竹仔寮山」，縱貫公路在它的下方打了個隧道，騎摩托車只消三十秒便能穿越！在荷蘭人繪製的地圖中，竹仔寮山北面山壁尚有一道瀑布，道路在瀑布旁攀升，在山壁上鑿出一長串的階梯，極為險峻。這個瀑布名為「雙龍」瀑布，現在早被世人遺忘，躲藏在縱貫公路的下方，只有垃圾相伴。貪便宜的駕駛人將愛車停在路肩，攔截瀑布源頭的水流洗車，充分利用資源！總之，荷蘭人翻越竹仔寮山後，順著山坡直下溪邊，便是基隆河。

抵達河邊後，便可航往淡水。但未到峰仔峙之前，得經過一排三十六處的岩石。北季風之時，河水充足；但在南季風之其間，載貨的艋舺舟無法行駛渡過，有時候所費甚鉅，無利可圖。

峰仔峙就是今天的汐止。汐止是基隆河水道的重要關卡，汐止以上還有岩石河床，以下則多為沙洲。汐止以下的航行沒有問題，可以沿基隆河順流至社子島，匯入淡水河主流，經關渡至淡水，完成這趟旅途。不過，汐止以上航行障礙較多，荷蘭調查員向上級建議：

　　　　若閣下能在這些河岸間開鑿出一條通航之路，同時利用工具，砍伐開築較寬廣平坦的道路，並在陡峭的山坡上建造平緩的路階，將是一樁美事。如此，在日出與日落之間，載貨或未載貨的船隻，都可從雞籠駛進河中，開往淡水。

關鍵的竹仔寮山道和八堵汐止間水道，如能獲得改善，則基隆和淡水之間的運輸可以在一日內完成。荷蘭高層似乎沒有真的進行這項交通工程，十年後他們

基隆河上常見的小舟，分攤了縱貫道部分的運輸任務。這張照片攝於基隆河中山橋附近，左上方的建築物至今仍然屹立河畔，列為台北市市定古蹟之一。

在國姓爺的軍隊逼迫之下，從淡水和基隆撤離。鄭家政權趕走了荷蘭人，不久後又被清帝國消滅。外來者輪番占領基隆、淡水海口，沒有心思介入台北盆地。因此，北基走廊的交通狀況，直到十七世紀末年都沒有進展。

十八世紀初北部官道建立之時，以沿海經過三芝、金山的道路為正途。不久之後，由於汐止被畫入番界，沿基隆河谷而行的道路成為「非法」的通道。一七八〇年代，也就是林爽文之亂平定以後，進入汐止的禁令撤銷，這條道路又再恢復合法的地位。事實上，從十八世紀中葉以來，台北盆地內越來越繁榮，交通也變得安全又方便。要禁止老百姓取道汐止前往基隆，有著執行上的困難。另一方面，沿海經金山往基隆的道路不僅路途遙遠，路況沒有進步，又不經過熱鬧的街市，利用率越來越低。雖然沿海道路的重要性逐日下降，但她正式喪失縱貫道的身分，還要等到一八一〇年代。

一八一〇年代，清廷終於決定將噶瑪蘭（今宜蘭）納入版圖，設立噶瑪蘭廳和噶瑪蘭營。為此，官道正線勢必向宜蘭平原延伸。進入宜蘭最簡便的路途，便是從艋舺溯基隆河而上，經水返腳（汐止）、暖暖至三貂嶺腳，然後翻越三貂嶺大山，經雙溪、遠望坑進入噶瑪蘭廳境內。這條路線的前段通過北基走廊，放棄原本迂迴海岸前往基隆的道路。海線至此徹底喪失了官道的地位，而由艋舺經水返腳至八堵的這條「北基走廊」，從此成為縱貫道的正途，直到今天沒有改變。

　　艋舺以北的縱貫道，最大的特色是除了走陸路外，還可以先利用水道，在八堵下船後步行至雞籠。縱貫道北起雞籠，南至枋寮超過千里的路程，也只有這一段和水路並行。文獻中如此記載：「往來行人自錫口起、至暖暖止，或走東岸、或走西岸、或坐駁船，以天時之晴雨、溪水之大小，隨時變更無定」。清末洋人于雅特的旅行經驗中，也對這一段前往雞籠的旅程詳加描述：

　　　　穿過雞籠河，我們朝八芝蘭（今士林）的村莊駛去；到了八芝蘭，
　　便得改乘可以越過急湍的當地小舟。……我們靠右沿著艋舺的沖積平原
　　前行而到達了錫口鎮（今台北市松山區），破損、骯髒、在各方面都和
　　滬尾鎮相似。再前行少許，便到了水返腳（今汐止），這是個重要市鎮
　　和有大利的商務中心，灘便從此處開始；我們在這裡看到聚有許多各種
　　形式和大小不一的船隻。灘並未經過太多困難便越過了；兩人在岸上給
　　那平底船使勁地拉縴，而另一人則在船後，藉著一片當作舵的槳而操縱
　　著船。……灘在嶺腳村結束，村前開啟著一個寬度僅容兩船並行通過的
　　石峽，河流至此不能再供航用。為著前往雞籠，必須在此登陸，雇用稍
　　嫌原始的轎子，並穿過那些包含產煤地的山脈。

　　這段敘述生動描繪了乘船前往雞籠的旅行見聞，其中提到航行終點的的「嶺腳村」，位於雞籠河北岸，河流的對岸則是八堵、暖暖等莊。至於所謂的「穿過那些包含著產煤地的山脈」，正是獅球嶺。「拉縴」這回事，原來不是中國內地才有，基隆河上竟然也採用這種方式！由縴繩所拖曳的船隻叫「艋舺」，于雅特也有描寫：

　　　　河上所用的船係平底，長約六公尺，寬約二公尺。每船由船夫二
　　人操縱，遇到急流則有時增加一個新的水手。這種船和菲律賓土人的
　　banka 大致相似。

　　所謂的「banka」，漢人音譯為「艋舺」（閩南音），是南島語系各民族慣用的小船。和菲律賓土人同屬於南島語系的平埔族，也這麼稱呼他們的船隻。一八九一年台北基隆間的鐵路完工後，河運並未稍減，直到二十世紀初鐵路發達之後，這一段水運才逐漸消失。

姚瑩的臺北道里記

北路縱貫道在一八〇八年面目一新，一八二一年一位著名的官員──姚瑩從台南府城前往噶瑪蘭辦公，寫下一篇〈臺北道里記〉的文章。讀者可不要誤會了「台北」的意思。在一八七五年「台北府」設立以前，所謂的「台北」是泛指今天台南以北的廣大區域，而非專指現代「台北」這個地方。其次，所謂的「道里記」，就字面上解釋，不過是哪裡到哪裡距離多遠的流水帳罷了。清代官員偶有作「道里記」的情形，主要是當作備忘錄，類似「札記」，和屬於正式「文章」的遊記不同。

前面介紹過郁永河的文章，便是一篇生動活潑的遊記。不論古今，寫遊記的目的並非僅作私人的備忘，而是一開始就有「公諸於世」的打算。因此，遊記的情節早有精心策劃，柴米油鹽的瑣事也刪得一乾二淨，以免枯燥乏味。為了引人入勝，誇大炫奇的手法常不可避免，因此很難完全忠於事實。「道里記」就不一樣了。它最初的目的就是備忘，柴米油鹽等繁瑣之事特別要記，以方便未來參考。沿路看到什麼就寫什麼，不必安排情節。就「史料」的標準而言，「道里記」雖然枯燥，但價值未必輸於遊記。姚瑩的這篇「道里記」是清代台灣最詳盡的一篇，也是北路縱貫道難得的文字紀錄。

在中國內地，「道里記」對於公務員和商人，有其實用價值。因此，坊間常常販售有「天下路程」或者「行路指南」之類的參考書，詳記各地里程、路況，甚至旅費、飯店等資訊。清代台灣有沒有這種書，今天已不可考。不過，以台灣的里程和交通量估計，這樣的冊子恐怕不必十頁就了結了，所以存在的可能性極低。

姚瑩是一位官員，他手邊一定有「方志」之類的參考書，其中便有極為簡要的里程資訊。不過，這些資訊早已過時，因為一八二一年台灣已經半個多世紀沒有更新方志了。加上北路官道許多地方剛剛改線，末端甚至延伸到噶瑪蘭（今宜蘭），因此有必要記錄下最新的里程。姚瑩在這篇「道里記」，開宗明義便說：

> 舊說台灣南至瑯嶠，北至雞籠，綿亙一千七百餘里。以台、澎為
> 中路，鳳山為南路，嘉、彰、淡水為北路。今噶瑪蘭新闢，又過雞籠極
> 北，越三貂大嶺，轉折而南，至蘇澳為界，計增幅員一百餘里。其南路
> 仍舊。余以辛巳年正月入蘭，乃記北路道里於左。

姚瑩一生為官，待在台灣的歲月算是長的。一八二一年剛過完年，他便整裝由台灣府出發，當夜抵達茅港尾住宿。

> 台郡出北門五里柴頭港，有塘汛。又二里洲仔尾，民居頗稠。三里
> 三崁店，有溪二道：一由鯽魚潭出，一由大穆降出，會流至鹽埕出海，
> 有汛。又一里許，臺、嘉二邑交界。十里木柵，有汛，民居小村市。
> 十五里曾文，民居稠密，有溪（即灣裏也），有汛。又五里茅港尾，民
> 居街市頗盛，有汛並館舍。

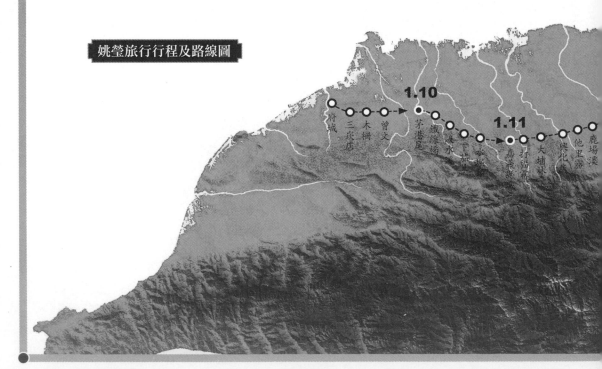

姚瑩旅行行程及路線圖

除了記載里程之外，沿途經過哪些溪流，有哪些比較大的村鎮，哪裡有兵營（汛或塘），哪裡有公差宿舍（館舍），都要逐條記錄。從這段紀錄中，我們可以發現曾文溪渡口段已經改線了。以往縱貫道在灣裡過溪，如今則向西打直，改由「曾文」（在今台南善化鎮內）過河。「曾文」甚至也發展成聚落，而且「民居稠密」。不過，這條溪流的名稱還是舊的（灣裡溪），大家一時還不習慣新的名稱（曾文溪）。第一天在茅港尾公館住宿，次日的行程則是：

十里鐵線橋，有汛。十里汲水溪，有塘。十里下茄苳，火村市館舍，有大汛（駐守備一員）。十里八槳溪，有汛。十里水堀頭，有溪（不甚大），有汛。五里樹頭，有汛。十里嘉義縣城。

第二天的行程必須通過「汲水溪」（今急水溪）和「八槳溪」（今八掌溪）兩條大溪，溪旁都有阿兵哥駐守。夜裡抵達嘉義城住宿。依照姚瑩的紀錄，急水溪尚且在鐵線橋之後，也就是鐵線橋的北邊十里。然而，今天的急水溪卻在鐵線橋正南方，這是十九世紀末土流遷徙的結果。姚瑩所經過的那個「汲水溪」（同名村落），後來遭洪水吞沒，已經一間房子都不剩了。

自嘉義北門五里殺狗溪。五里打貓霧，大村市，有汛。十里大埔林，民居稠密，有汛。五里興化店，有溪。五里他里霧，大莊市，有

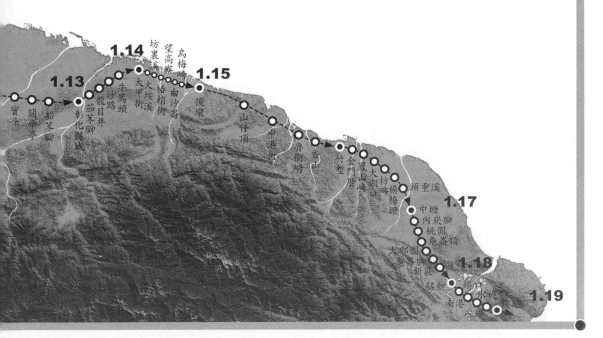

這座「再重修鐵線橋碑」設立的地點，原本是帆檣輻湊的水陸碼頭，如今只剩下寥寥幾間房舍，和一般農村沒有差別了。

左方省道急水溪橋所在的位置，就是清代縱貫道的急水溪渡口。橋後方的工廠（台糖公司新營副產品加工廠）便是「急水溪」村落原址。

溪，有汛。五里榕仔腳，有溪。五里鹿場溪，嘉、彰交界。十里西螺，大市，有汛（駐把總一員），有溪，出柑，香美異他柑。

清代官員必須迴避本籍，因此各地的官員大都是「外省人」，姚瑩也不例外。因為方言的隔閡，他直接將從苦力口中聽來的土名寫成漢字，往往和一般文獻中所用的不同。像嘉義北門外的「殺狗溪」，通行的名字是「台斗坑」，發音非常接近。或許他認為北邊有一個「打貓」，南邊那個大概就是「殺狗」吧！

五里三條圳（圳即俗「甽」字，土人讀如「浚」），凡三道，水盛時非舟不渡。十里東螺溪。三里寶斗，大村市（即舊東螺也），民居稠密，街市整齊，有汛。五里茉莉莊。五里關帝亭（廟宇甚新峻，前有僧

能詩而還俗矣）。五里大埔心，民居小村舍，多盜匪。其東北沿山即下
林仔，東南沿海為二林，皆匪巢也。五里鞏固橋，五里燕霧，五里茄苳
腳：皆有汛。五里口莊。五里彰化縣城南門。

第四天由西螺出發，渡過相鄰的兩條大溪（三條圳、東螺）後，便抵達北
斗。北斗就是以前的東螺街，一八○八年才剛遷建完成。北斗以北，姚瑩經過關
帝亭（今永靖鄉永靖）、大埔心（今埔心鄉埔心）、燕霧（今大村鄉大村）、茄苳腳
（今花壇鄉花壇）至彰化。這條路線，和十八世紀迂迴大武郡社、員林的舊線不
同，正好見證了十九世紀初縱貫道的改線。曾幾何時，舊線上的大站下林仔（今
彰化員林），竟然已經成為盜匪叢集之區了。

　　　白縣東北五里茄苳腳。五里大渡溪，有村市。五里龍目井。五里
烏瓦窯。五里沙路，有汛。五里牛罵頭，民居稠密，有街市館舍。七里
青埔，前入淡水界。自嘉義下茄苳至是一百五十餘里，皆平壤。山水清
秀，田膏腴，人殷富，洵沃土也。入淡水界即沙瘠矣。入界一里大甲
溪。溪廣數重，水盛時一望無際，下皆亂石。溪流湍激，舟筏一不慎，
即入海不返。每大雨後，行者必守溪數日，水退乃敢渡。八里大甲街，
民居頗稠，駐巡檢一員，外委一員。西去八里即大垵海口也。

第五天從彰化出發，當夜抵達大甲住宿。姚瑩也點出了縱貫道沿途地形的改
變。從下茄苳到大甲溪畔，將近四天的路程都在平原上，沿途皆為豐饒的田園。
不過，一過了大甲溪進入淡水廳後，便只有「沙瘠」之地了。

　　　自大甲北行五里大垵溪，十里坊裏溪，有汛。十里椿梢街市，有溪
汛館舍。五里椿梢園。五里望高寮。五里白沙崙，有汛，駐外委一員。
五里烏梅崎，毗連打那拔，有溪。七里後壠，民居街市稠密，館舍甚整
潔，有汛，駐千總一員，稽查海口。是夕上元，居民張燈甚樂。

第六天適逢元宵。早上從大甲出發，先渡過「大垵溪」和「坊裏溪」，前者便
是今天的大安溪，後者的名字應該是「房裏溪」。為了水利工程的需要，這條溪
的上游在二十世紀被截斷，水流強迫歸入大安溪，今天已經消失了。過了房裏
溪，姚瑩經過「椿梢街」（真正的名稱是「吞霄街」）、「椿梢園」（真正的名稱是「吞
霄灣」）抵達「望高寮」。這些地名都有習慣的寫法，姚瑩所記載的名稱則是得自
耳聞，再用自己臆度的漢字寫下來。

今天國道三號通過老衢崎，將山頂
切穿，強行通過。

　　「望高寮」又稱為「望樓」，一般以竹竿搭建，眺望員待在頂端的小閣樓上，
可以發揮監視的功能。這種設施，最常見於「番界」附近，當作預防生番出草的
防禦設施。縱貫道吞霄（今苗栗通霄）以北到竹塹之間，山脈迫近大海，十八世
紀的番界就在海邊的山脈稜線上，所以縱貫道旁便建有多所望高寮，有些地方甚
至以「望高寮」為地名了。吞霄灣北邊的這個望高寮地名，今天通行另一個地名
「新埔」，連當地人都已經遺忘「望高寮」這個名字了。

　　通過「望高寮」不久，經過白沙崙（今白沙屯）、打那拔（今西湖溪），再翻越
「烏梅崎」（真正的名稱是「烏眉崎」）山口，便抵達後壠。因為是元宵夜，後壠鎮
上張燈結綵，熱鬧非凡。

　　　　後壠北行五里山仔頂。五里中港街，有汛，外委一員，巡查海口。
　　五里魯衢崎，一名螻蛄崎，四邊皆山，蓋如峽矣。五里望高寮。三里香
　　山，有汛。八里竹塹。

　　第七天的行程，穿越中港溪後，在中港街午餐。下午穿過著名的「魯衢
崎」。「魯衢崎」比較通行的寫法是「老衢崎」，其實就是取「咾咕」之音。「咾咕」
指珊瑚礁岩石，這個坡道（崎）便是因為珊瑚礁地質而得名。攀登坡道時，兩側
都是山壁，好像峽谷一般。登上坡頂便豁然開朗，可以東望山、西望海。這種地
方，當然是架設望高寮的好地方。事實上，老衢崎頂在十八世紀曾經設「隘」，
由官方派遣中港社的平埔族人把守，這座望高寮便是警戒生番的眺望台。同樣
地，這個地名今天也已經消失了。

竹塹北行三里金門厝，有溪渡。十里鳳山崎，山甚平廣袤。十里
為大湖口，又名糞箕湖，涸湖也。十里枋碑。十里楊梅壢，大村市，有
汛，駐把總一員。五里頭重溪。十里中壢，街民稠密，有汛。

第七天在竹塹住宿，次日清早起身，在金門厝渡過金門厝溪（今頭前溪）。
此時渡口尚且在金門厝，再過二、三十年縱貫道便向東打直，改由舊社（在今新
竹市內）過渡了。姚瑩繼續北上經過大湖口（今新竹縣湖口鄉老湖口），據他所說
這裡有一個乾涸了的湖。其實，方言裡的「湖」是指「山窩」，並非有水的「湖」。
從鳳山崎到中壢，姚瑩走的是一八○八年以後的新路，途經大湖口、楊梅、頭重
溪等地。之前十八世紀的時候，這些地方屬於番界，一般人士不可以隨意進出
的。當然，那時的縱貫道路線偏西，繞經大溪墘前往中壢。這天晚上姚瑩便在中
壢落腳。

十里內崁腳，十里桃園，大村市。山水清秀，田土膏腴，恍如江南
道上矣。十里龜崙頂，有汛。五里大邱園，小溪數重，兩邊皆山。八里
龜崙腳。七里新莊，大村市，民居約近千家，駐縣丞一員，有汛。五里
渡大溪至艋舺。途中山水曲秀，風景
如畫。

第九天的行程，姚瑩盛讚風景秀麗，
特別是桃園以北到新莊的這段路。這段路
攀登龜崙嶺，沿途滿山紅豆（相思樹），像
極了江南的風光。一翻過龜崙嶺的鞍部，
眼界頓開。腳下有大漢溪奔騰的河水，對
岸便是一重又一重的山脈，一直連綿到雲
端去。下坡到底便是大漢溪畔，沿著左岸
北上，過了新莊渡過大漢溪抵達右岸的艋
舺（今台北市萬華）住宿。從府城到艋舺，
也就是從今天台南市區到台北市，整整走
了九天。

自郡至艋舺皆北行，由艋舺以上
乃東北行。十里錫口，有街市。五里

滿山相思樹，在夕陽餘暉的照射下，呈現出北部縱
貫道特有的美景。若逢暮春時節，黃色花朵綻放，
又是另一番風情。

南港，入山，沿山屈曲，其港水自三貂內山出，上自暖暖，下達滬尾。
十里水返腳，小村市。水返腳者，臺境北路至此而盡。山海折轉而東，
出台灣山後，故名。過此，天山嶺迎日東行十五里為一堵山，再北過五
堵、七堵、八堵，凡十里至暖暖。

　　艋舺是竹塹以北的政治、經濟和軍事中心。政治上的地位不高，但是駐軍
遠多於竹塹，商業也更為繁榮。北路縱貫道從府城走九天到艋舺，一路上都是北
行；但過了艋舺便轉為東北向，再走一天便抵達島嶼最北端的雞籠（今基隆）。
不過，姚瑩此番北行的目的地是噶瑪蘭，因此在抵達雞籠前的最後一站暖暖分
岔，由東、而東南，最後轉向南抵達噶瑪蘭。至於艋舺到暖暖的這段路，基本上
沿著基隆河岸上溯。這段路在前一節已經介紹過，此處從略。倒是途中經過「水
返腳」的時候，姚瑩對這個地名提出一種解釋，認為這裡正當台灣北路的盡頭，
再過去山脈和水流都要轉向，因此得名。不過，依照現在通行的說法，「水返腳」
意指潮水可及的盡頭，今名「汐止」便是據此更名的。

基隆河上的小船，可以養鴨、也可以運貨和載人。在清代，從台北盆地前往基隆的行人，或走東岸、或走西岸，或者乾
脆僱艘小船逆流而上。

　　地在兩山之中，俯臨深溪。有艋舺小舟，土人山中伐木，作薪炭枋料，載往艋舺。鋪民六、七家，皆編籬茸草，甚湫隘。每歲鎮道北巡，及欽使所經，皆宿於此。蓋艋舺以上，至噶瑪蘭頭圍，凡三日程皆山徑，固無館舍耳。

　　從暖暖到噶瑪蘭，這條路是一八一〇年代因噶瑪蘭設治才新闢的官道。這篇道里記接下來的篇幅，為這條路留下了最古早的文字紀錄。這條路是台灣北路的末稍，但並非北向，反而是順時鐘方向從東轉東南再轉南向抵達噶瑪蘭（今宜蘭市），甚至再延伸到南方澳（今宜蘭縣蘇澳鎮南方澳）。台灣府北路十七世紀的終點是彰化，十八世紀初延伸到雞籠，一百年後再推進到南方澳。又過了一百年，基隆到打狗（今高雄市）的縱貫鐵路通車。原本清代所謂的「南路」加上「北路」，去頭去尾（頭北路末段暖暖以東、尾南路末端打狗以南），便成為一般人心目中的「縱貫」道（不論鐵路或公路）了。

　　北路被丟棄的這段尾巴，還有後續發展。繼縱貫鐵路通車之後，宜蘭線鐵路也開工了。她幾乎完全因襲清代的路線，從八堵車站（暖暖西方一公里處）分岔，經宜蘭、羅東，終點設在距南方澳不到兩公里的蘇澳火車站。從此，這條路便被大家泛稱為「宜蘭線」。

　　故事還沒結束呢！清代北路的那條尾巴，在宜蘭線鐵路通車後，幾乎沒有行人了。所有平地路段，要不是拓寬成公路，就是被荒草埋沒，只剩下三貂嶺和草嶺這兩個路段，一直保留到今天。一九八〇年代末起，這兩段路受到遊客的青睞，每逢假日熱鬧非凡。大家稱呼她們為「三貂嶺古道」和「草嶺古道」，有時則混稱為「淡蘭古道」。

　　以清代的北路官道而言，這條淡（淡水廳）、蘭（噶瑪蘭）官道是年代最晚的，和府城到雞籠那段縱貫道比起來，至少年輕一百到一百五十歲。草嶺古道聲名大噪後，台灣逐漸興起一股「古道熱」，至今已經發掘（發明）出數十條「古道」了。只不過，這些所謂的「古道」，絕大部分都是二十世紀以後才開鑿的，大家努力穿鑿附會，將她們的年歲膨脹到二、三百年。至於全台灣最老牌的、重要性最高的縱貫線，反而不被當作「古道」了！

淡水同知婁雲創建義渡

一八三七年婁雲的「創設義渡」之舉，並非淡水廳官渡的開端，而是完成。

　　渡口經營和稅餉脫不了關係。為了徵收稅餉，官府不惜以出賣特許權為代價，間接導致渡政的敗壞。這些稅餉源自於鄭氏統治台灣的時代，由於當時政府直接統治的地方不大，頂多包含今天的嘉南平原和高雄、屏東平原一帶，因此清代才納入管理的彰化以北地方，就沒有這些「歷史包袱」了。因此，彰化縣以北的渡口，就很少有「代納稅餉」的情形發生。嘉義以南那些渡口，如果要建設義渡的話，除了必須籌措日常開銷的費用，還得負擔每年繳給官府的稅金。彰化以北，事情便簡單得多。其中大甲溪以北、鳳山溪以南縱貫道上的渡口，在一八三七年建立成全台灣最大規模的官營義渡。

　　在清末開山撫番之前，官府在大甲溪到新竹縣城之間的「版圖」，其實只有沿海一線，加上內山零星的屬地而已。限於地形，縱貫線只能沿著海岸前進，無法繞至各溪的上游水小之處渡河，許多路段甚至要在河口的感潮段渡過。這是大甲溪到竹塹之間特有的現象，其他地區並非如此。為了解決長久以來塹南交通的障礙，乃有淡水同知婁雲的創設義渡之舉。

　　一八三七年婁雲開始籌措義渡經費。設立義渡的動機，據其所言為：

　　　　余嘗三至臺瀛，從事於師徒戎馬間，周歷南北。見夫曲溪陂澤，不
　　可以梁、病於濟涉之處甚多。迨丙申承乏淡水，所屬綿亘幾四百里，所
　　謂曲溪陂澤不可以梁者，未能悉數。其間土人駕舟以濟，相安於定章者
　　弗計。惟大甲溪塊石層疊、支派雜流，水勢西衝，直入大海；遇春夏盛
　　漲，極目汪洋，誠險道也。此外如中港、房裏、柑尾，雖險阻稍減，然

或溪面廣闊、或急湍洶湧，皆迫鄰海汊，亦危險莫測者也。此數處、非無駕舟待濟之人，大率土豪撐馭，藉索多貲；少不如願，即肆剝掠者有之。行旅之受害也久矣。義渡其容緩歟！

義渡經費的來源，除了由婁雲首倡捐款外，又向地方紳士、商人等募捐，用來購置田產。這些田地分布在台北的士林、深坑，桃園的大溪，新竹市，以及台中的大甲等地。每年田地所收的租穀，剛好抵銷義渡例行開銷，類似現代「基金會」的辦法。至於設立義渡的地點，共有六處，包括大甲、中港、房裡·柑尾等所謂的「四要溪」，加上井水港和鹽水港二處。婁雲募集一筆基金，然後以這筆基金購買田地放租出去。如此一來，官方每年就有一筆固定的收入，可以用來支付與義渡有關的項目了。大甲溪至竹塹間的縱貫道上，增設這六處義渡之後，便又大大地改善南北交通的路況了。

房里溪是大安溪的幹流之一，水勢浩蕩，但今天已經完全消失。縱貫道穿越的渡口，便是婁雲指定的重要渡口之一。

官渡可以說是大甲溪以北縱貫道的最大特色。大甲溪以南的彰化縣、嘉義縣、台灣縣和鳳山縣境內的官道，只有零星的幾處「民營」義渡；然而大甲溪以北的淡水廳，卻在縱貫沿線普遍設立官（義）渡。一八三七年婁雲所設立的官渡，只是淡水廳內眾多官渡的一部分。早在婁雲創設義渡之前，新竹以北縱貫道沿途，已經設立了的是鳳山崎官渡、艋舺官渡、五堵官渡、六堵官渡和八堵官渡等五處官渡。塹北縱貫線上唯一不是官渡的只有金門厝義渡。金門厝義渡創始於嘉慶元年，由竹塹屯千總錢茂祖倡捐設立，雖然不是正式的官渡，但也算是具有公共性質。因此新竹以北縱貫道上的六處渡口，可以說早在一八三〇年以前就已經納入官方的掌控之中。

另一方面，塹南縱貫線沿途需要設立渡口之處很多，在一八三〇年的時候，

「鳳崎晚霞」曾經名列「淡水八景」之一。縱貫道上南下的旅人最容易欣賞到這幅美景。這天早上從中壢出發，傍晚太陽下山時，正好通過鳳山崎坡道。下坡的盡頭便是渡頭。在渡船上一邊休息，一邊回頭展望那霞光染紅的來時路。下了渡船，趕在餘暉未盡前，便能順利進入竹塹城。

竹塹以南的官渡只有大甲溪和中港溪二處。以駐紮在竹塹的淡水廳來看，下一步的工作當然就是把塹南的渡口納入統制，這正是婁雲「創立義渡」的背景。創設義渡的工作告一段落之後，婁雲將義渡章程具稟呈報台灣府，同時立案備查。次年（1838）春又在各渡口立碑，碑上鑴刻著義渡創立的過程以及章程。

　　在相關的公文和碑文中，婁雲不斷強調設立義渡的迫切性，並且闡述刁民把持渡口、勒索行旅的種種惡狀，以為這是義渡非設不可的理由。然後他又說塹北諸渡渡費低廉，並無訛索之風。當時淡水廳內至少有四十多處渡口，既然婁雲認為義渡的設立，是在消除訛索之弊，那麼最迫切設立義渡的地方，應該就是弊病最深的渡口了。然而事實上，婁雲所設的六處渡口中，其中有二處本為官渡，二

處本無設渡，只有柑尾和房裡二處有民人擺渡。如此看來，「為民除害」可能不是婁雲真正關心的重點，只是募捐和立案時的說辭罷了。這些說辭根本不能解釋全境四十多處渡口中，何以選定這六處作為官渡的地點。其實，婁雲倡捐義渡的真正目的，是要把縱貫線上尚未設立官渡的地點納入管制。由於縱貫線竹塹以北的路段已經普設官渡，因此這次募捐得來的經費，就拿去支付塹南六處渡口的經常開銷；並非如婁雲「官方說法」所稱，是以是否訛索渡費來作設立義渡的標準。

　　一八三七年婁雲的「創設義渡」之舉，並非淡水廳官渡的開端，而是完成。縱貫線大甲溪以北的路段，在林爽文亂事之前，只有大甲溪、艋舺溪和八里坌等處設有渡口。林爽文亂平之後，大甲溪、中港溪和鳳山崎也接著創建官渡。一八〇八年艋舺以北的縱貫線正式改道，新的縱貫路線沿雞籠河河谷北上，由於道路時走南岸、時走北岸，於是縱貫線便和雞籠河交叉出五堵渡、六堵渡和八堵渡等官渡。到了一八三七年婁雲擔任淡水同知的時候，縱貫道沿途渡口仍由民間經營的，只剩下大安溪而已。婁雲所建立的六處渡口，其中二處原本就是官渡、二處本無渡口，真正從民渡改為官渡的只有房裡溪、柑尾河二處，而這二處正是位於大安溪的分流之上。大安溪上的官渡建立之後，淡水廳境內縱貫道上的官、義渡就全部齊備了。

日本總督的明查暗訪

樺山和水野的旅行，完全遵照縱貫道上的規矩，哪裡該休息，
哪裡該住宿，一點也不馬虎。

　　一八七四年，中國和日本因為琉球人在台灣被原住民殺害一事，鬧起國際糾紛。日本派遣軍隊從恆春半島登陸，攻打牡丹社，這就是著名的「牡丹社事件」。這個國際糾紛使得台灣在大清帝國內的重要性大幅提升，官府也終於嘗試改善台灣的交通狀況。在此之後，縱貫道路況改善許多，同時跨越枋寮向南延伸，直到恆春半島的鵝鑾鼻為止。

　　就在日本正式出兵以前，已經有一些日本人悄悄地在台灣各處遊歷，收集情報，其中最重要的是樺山資紀和水野遵兩人。這位樺山資紀，正是二十一年後日本統治台灣的第一任總督，水野遵則成為他的副手，出任第一任的民政長官。一八七四年樺山資紀暗中來台，探訪基隆、蘇澳等地；而水野遵則深入大嵙崁

樺山資紀是日本時代第一任台灣總督。

水野遵是樺山的副手，也是第一任的民政長官。

（今桃園大溪）番地收集情報。該年日本「征番軍」發動，前往恆春半島「征討」原住民，樺山以少校的身分加入戰鬥行列，而水野遵則以「海軍翻譯官」的身分隨軍。這兩個人並不安於戰場廝殺，倒是相約一同探訪「北路」。

一八七四年四月八日，樺山和水野兩人來到台灣府城，立即前往安平拜會英國領事，向他表明來意。英國領事勸他們不要從事陸路旅行，因為傳聞彰化即將發生暴動，官府已經召集四千兵馬，很快就要北上鎮壓了。因此，從台灣府走縱貫道北上淡水，將會遭遇難以預知的險境。當然，這種勸阻不但無效，而且更加強了樺山和水野的好奇心。如果能夠目睹交戰的畫面，不僅可以一窺清國軍隊的虛實，還能體驗台灣「民情剽悍」的程度。

四月九日，兩位日本人因為僱不到苦力和轎子，焦急地在府城停留了一天。這天正是官兵「北伐」的誓師之日，全城的苦力和轎夫都被軍隊僱走了。第二天，樺山和水野終於上路，循著縱貫道一路旅行。

（明治七年，即一八七四年）四月十日自臺灣府大北門出發北行，下午五時抵達園港尾（應為茅港尾）。府城與園港尾間距離六里（此為日本制「里」，一日里約當四公里），其間道路平坦。

四月十一日行抵嘉義，在此過夜。次日行抵刺桐巷。

刺桐巷（今雲林縣莿桐鄉）距嘉義七里，前有水沙連、東螺二大河，因山水暴漲，於此滯留一日。彰化距刺桐巷八里，路程一日可達。

急著趕往彰化觀戰的兩位日本人，遇到濁水溪暴漲，也只能無奈地耽擱一天。水野遵記下沿途的兩則趣事。第一件是關於苦力的。從台灣府城僱來的轎夫和挑夫，煙癮很深。他們除了過夜休息要抽鴉片之外，白天在趕路的過程中，上午和下午各有一次「鴉片時間」。差不多時間到了，看到路旁有煙館，苦力們便衝進去吞雲吐霧一番，把雇主、行李甚至自己的轎子都丟在路旁不管。沒有經過這番「補給」，苦力們就沒有精神繼續走下去。這和今天大卡車司機沒有檳榔就無法開車的情形，真有異曲同工之妙。

另外一件怪事，就是兩位穿西裝的日本人停在路邊，當地群眾立刻圍了上來，向他們索取丹藥。樺山後來才弄清楚，由於西洋宣教士每次來訪，都會施藥行醫，久而久之村民都會主動圍上來求診。不過，村民們似乎無法分辨人種和膚色，他們只要看到洋服打扮的，都認為是醫生。

路邊販賣湯湯水水的小攤子，是縱貫道上最重要的「補給站」。

　　四月十四日傍晚五點，樺山和水野抵達彰化，在旅館內遇到一位新竹來的商人，隨即以筆談的方式向他詢問發生暴動的村莊所在，以及官兵目前的動態。此後幾天兩人深入西大墩（今台中市西屯區）的「匪窟」，而那位「匪酋」竟然還要與樺山結盟，共同對抗「大清」。樺山此行意在蒐集情報，無意招惹事端，在無法觀戰的情況下，十七日匆匆離去，準備前往大甲銜接縱貫道，繼續考察沿線風土。很無奈地，兩人遇到大甲溪水暴漲，上午十一點就轉往葫蘆墩（今台中豐原）投宿。十八日溪水稍退，很快就抵達大甲，但也只能待在旅店，因為縱貫道上的旅行是配合既定的尖、宿站行程的。此後幾天，兩人又分別在後壠、竹塹、中壢各住一宿，二十二日入夜抵達淡水，結束刺激的北路之旅。

　　　　大甲溪為淡水廳與彰化縣界，自臺灣府以北陸行至此，始見海洋蒼茫。大甲距彰化七里。

　　　　自大甲至吞霄（今苗栗縣通霄鎮）間，共有七道河川，水流急險，深達腰際。此處凡一里餘的道路，大小積石，行路不便。此外，吞霄以北為山路，羊腸小徑，誠乃西部第一天險。

　　　　後壠距大甲八里，此處設有義渡渡人。

　　　　竹塹（今新竹市）距後　　六里，中途穿越中港溪，設有渡船。沿途多山。

　　　　中力（應為中壢）距竹塹八里。

　　　　新庄（今新北市新莊區）距中力七里餘。

基隆西南一里餘山脈背後，有溪流一道（即基隆河），下接淡水河。水道可通艋舺（今台北市萬華）、淡水。陸路則山路崎嶇，至淡水縣有一日路程。

樺山和水野的旅行，完全遵照縱貫道上的規矩，哪裡該休息，哪裡該住宿，一點也不馬虎。最後，水野遵還記下了縱貫道旅行的「注意事項」，寫著「旅行必攜」：

乾糧：例如麵包、鹽醃肉、酒等。

短銃：沿路多盜匪，防身必備。

火柴、蠟燭：旅店內光線很暗，即使白天也要點燭。

零錢：支付渡船等費用。

此外，沿途每隔一里至一里半的距離，通常設有「驛亭」，販賣茶水及飯食，可解旅途中饑渴。

旅行必備，除了乾糧之外，還要帶手槍，以免遭土匪洗劫。此外，每隔一段路就會有賣吃的路邊攤，這也和中國「十里一亭」的習慣吻合。隨身必須攜帶銅錢，因為碎銀子太大，擺渡的船夫是找不開的。晚上住在汙濁晦暗的旅店，因此要自備火柴和蠟燭，不然摸黑就太不方便了。

城門內外，不僅是市集集中之處，也是趕路人出發的起點或抵達的終點。不論前者還是後者，都得在攤販那裡補給一番。

縱貫道最後一次延長

枋寮以南的路段,是清代縱貫道最後一段延伸,雖然勉強維持暢通,
但路況依然惡劣。

　　作為一條官道,縱貫道必須將各地的縣城連結起來。在清代,鳳山縣的縣治
所在一直有問題。原因是清帝國統治台灣一開始,就完全沿襲鄭氏的行政規模,
將府城以南唯一的一座城址定在興隆里,這也就是鳳山縣的縣治所在。興隆里
瀕臨萬丹港(今左營海軍軍港),原本在鄭氏王朝統治的年代,就是南路重兵之
所在。鄭氏政權源於海上武裝集團,他們將政治重心放在海口,是一件極為合理

這是鵝鑾鼻燈塔,因為美國船隻在附近遇難而建。加上後來的牡丹社事件,引發了縱貫道最後一次的延長。

的事。不過，清帝國以傳統漢式政權之姿態統治台灣，卻不一定要沿襲鄭氏的傳統。

　　一六八四年興隆里成為鳳山縣治的同時，縣境內最熱鬧的商街卻在下埤頭（今高雄鳳山）。即使官府以行政和軍事的力量抬舉興隆里，但下埤頭的繁盛卻一直凌駕興隆里之上。關鍵的原因是：下埤頭位於府城南路前往下淡水地區（屏東平原）的必經之路上，介於北方的阿猴林山區和南方的鳳山丘陵之間，為四方輻輳、八路雲集之地，貿易自然鼎盛。而興隆里則僻處海濱，加上萬丹港又逐漸淤淺，港口地位遠不如南方的打狗（今高雄港），水陸交通都不方便。 打從十七世紀以來，南路縱貫道都是從府城一路向南直達下埤頭，然後渡過下淡水溪（今高

牡丹社事件中，日本軍隊授與投降番社「良民旗」。二十年後台灣被割讓給日本，這些旗子便成為這些番社的「榮耀」。

屏溪）抵達終點枋寮。為了遷就行政中心的興隆里，以及海軍重鎮的打狗，因此從楠梓分歧出一條支線，繞往興隆里和打狗，然後回頭，在下埤頭接回縱貫道。

十八世紀末林爽文之亂平定後，官府終於決定放棄興隆里，改在下埤頭建立新的鳳山縣城。在此之前，興隆里雖然是名義上的縣城，然而縣官卻常駐在下埤頭，就近處理公務。林爽文之亂平定後，清廷正式將縣治遷至下埤頭，可以說是實至名歸。不過在嘉慶十一年（1806）蔡牽攻台灣，餘匪將下埤頭攻破之後，又有將縣治移回舊城的議論產生。直到道光二十七年（1847）三月，閩浙總督劉玉坡奉命渡台巡閱之後，縣治懸案才得到解決，依舊以下埤頭為縣治。

十九世紀初縣治懸案解決，下埤頭以北的縱貫道路線依舊維持原貌，沒有變更。下埤頭以南，則因為東港港口轉趨繁盛，渡過下淡水溪的這段路線向南偏移，不再由下淡水番社處過渡，而在偏南的東港渡溪。東港是下淡水溪的出海口，河道寬廣，水流紛岐：

　　　　過此皆溪，隔一里則涉一溪，深者渡以竹筏。最後一大溪，焦石
　　嶒崚水浪洶湧，猝遇暴雨，多嗟滅頂。過溪為東港，宿焉。此日僅行
　　三十五里，不啻六、七十里焉，皆以溪阻也。

東港往南，再走半天便可以抵達南路的終點枋寮。從一六八四年到一八六七年，將近兩百年間南路縱貫道都以此為終點。直到一八六七年才因為美國船隻ROVER號的海難事件，官府在美國的壓力之下，被迫打通枋寮以南的道路。可是才沒有幾年，當一八七四年日本人造訪此處時，看到的情形卻是：

　　　　枋寮為支那領地的南端，此地往南經北勢寮、伽羅堂等地的道路
　　由於生番出沒，無人往來。西元一八六七年，支那政府在美國領事李仙
　　得的壓迫之下，開拓了一條新的道路，不過現今仍因生番的阻礙難以通
　　行。

不只是枋寮以南的這段，清末官府在「開山撫番」政策之下開闢的道路，幾乎都維持不了幾年就中斷了。不過，一八七四年牡丹社事件結束之後，清帝國為了宣示主權，終於將恆春獨立設縣。因此，枋寮以南直到恆春的道路重新打通後，就非得繼續維持，否則恆春縣城內的官員和軍隊，將陷入極度危險之中。這是清代縱貫道最後一段延伸，雖然勉強維持暢通，但路況依然惡劣。根據當時文獻的紀錄：

這是雍正年間繪製地圖的恆春半島局部。當時正式的官道只到枋寮為止。枋寮以南雖然仍有小路，但因為山海交迫，必須「跳石而行」。此圖中明白註記著路況的困難。

（恆春縣）內山皆係番社，不便行人，東面、西面路皆沿海。其西面來自鳳山枋寮者，以率芒溪為第一門限。南行為枋山頭，其山俯臨海岸，高二、三里，嶄巖突兀，有「一夫當關，萬夫莫開」之勢。再南，為獅子頭，險隘與枋山同。由獅頭而越楓港，至尖山、至車城，亦皆左山右海，草木蓊翳，行路維艱。中有枋山、楓港、車城、清港等大小溪流，節節橫亙；冬、春尚可褰裳而涉，夏、秋山洪驟發，不可以飛渡也。

沿途經過枋山、獅子頭、楓港、車城，最後抵達恆春，和今天「屏鵝公路」路線完全一致。和縱貫道的其他路段比起來，除了皆為暴溪所苦之外，還多了原住民出草的威脅！清帝國為了主權問題，雖然將縱貫道延長到恆春，但此後維持不過二十年的歲月，台灣也就被迫割讓給日本了。

岑宮保飲恨大甲溪

大甲溪橋造價比一年半的全島歲入還多，在當時可以說是天價了！

　　一八七四年牡丹社事件後，北京當局開始重視台灣。為了處理善後，中央下達指令，規定福建巡撫必須半年留閩、半年來台。依照中國的慣例：要作大事，非得大官出馬不可。福建巡撫親自來台，除了可以親自體會台灣防務的需求，新政的舉行，也才能順利推展。因此，光緒元年牡丹社事件平息後，歷任的福建巡撫，如沈葆楨、丁日昌等人，都往來台海兩岸多次，推動許多新的政策。

　　光緒七年（1881）四月底，原任貴州巡撫的岑毓英，調任為福建巡撫，立即從貴州啟程，前往台灣考察。他在福建搭上輪船，抵達基隆港上岸。他以基隆為點，循陸路往南，一路考察到打狗，然後折返北上。八月二十五日，岑毓英在北上途經大甲溪畔，突然有百姓攔轎，向這位「宮保大人」哭訴大甲溪險惡，溺水亡魂無數！

　　此類攔轎哭訴之事往往是早就套好招的，岑宮保將此事「上達天聽」，寫了一份奏摺向皇帝報告，說是為了百姓民生，非得好好將大甲溪「修理」一番！就這樣，大甲溪橋的建築工程於焉展開。

　　桀敖不馴的大甲溪，要用什麼方法來「修理」呢？岑毓英的辦法是：在上游河道兩旁建築「八字堤」，約束奔騰放肆的水流，河寬隨著八字堤越收越窄，最後便能在八字堤的末端，也就是兩岸距離最近的地方，架設橋梁。如此一來，水流受到堤防的約束，不致隨便改道，避免氾濫淹沒農田。而且，河道變窄之後，橋梁的長度也可以縮短，節省不少經費。原本縱貫道上的大甲溪渡口，地點在大甲和苑裡之間，已經很接近河川的出海口，水流散漫且河道不穩定，並不適合架

時至今日，蛇籠已經是非常普遍而尋常的構工了。如這張照片所示，僅僅作為護岸，就得使用這麼多的蛇籠，這是岑毓英當初想像不到的。

二十世紀初蛇籠已經非常普及，幾乎所有的水利設施都會使用。這張照片中的蛇籠並非用來抵抗大水衝擊，只是導引水勢和保護河床之用。

橋。因此，岑毓英重新選定的架橋地點，是在比較上游的后里和豐原之間，也就是今天山線鐵路的大甲溪橋附近。一旦橋梁完工之後，縱貫道就要跟著改線。

　　建橋是一件了不起的大事嗎？需要報告皇帝老爺知道嗎？是的。建築這麼一座大甲溪橋，已經算是台灣島上「曠古未有」的大工程；光從造價來看，便能窺其一斑。岑毓英最初估計，工程費總額至少要十幾萬元；到了完工以後，統計造價高達三十萬元。當時台灣全島的田賦收入，一年只有約二十萬石稻穀，時價只值十二萬元。田賦是當時政府主要的收入來源，占總歲入的八成以上。換句話說，大甲溪橋造價比一年半的全島歲入還多，在當時可以說是天價了！

　　大甲溪真的值得花這麼多錢蓋橋嗎？在當時本地人的眼中，這是一件沒有必要的事，甚至有人寫文章批評建橋是「殫百萬之脂膏，填不毛之溝壑」的行為，還有罵得更難聽的，說岑毓英「一味塗飾耳目，小題大做」。可見得在當時文人眼中，這是一件多麼無聊的事。

　　地方仕紳反對歸反對，上級的命令也不能違抗。岑毓英八月二十五日渡過大甲溪後，立刻回到福建，前往福州船政局，交代他們立即趕工製造鐵籠，以便運往大甲溪使用。十一月初，第一批鐵籠完成，立即用輪船裝運來台。岑毓英也隨後來台，十一月二十二日抵達大甲溪邊。

　　巡撫大人抵達溪邊，立即紮營。這是多麼壯觀的場面啊！平常渺無人煙的河岸邊，現在搭起數十營帳，旗海飄揚。巡撫大人捨棄府城內的豪宅華廈、細牙軟床，跑到河邊不毛之地，睡在帳棚裡頭。百姓目睹這種怪現象，更加摸不著腦袋！巡撫大人一邊在河邊營帳中處理公事，一邊監督橋梁的進度，可見他對這個工程重視的程度。各地的官員，也紛紛從南北各地趕往大甲溪，面晤巡撫大人。

　　時序已經進入臘冬，過年的氣氛越來越濃。不過，為了在冬天枯水期多搶些進度，岑毓英索性就在大甲溪邊過年了。巡撫尚且如此，工人當然也不能放假。正月初四，巡撫終於起駕，轉往台灣南北各地視察。二月底大甲溪橋完工，岑毓英便在三月十一日離開台灣。

要規範強勁的水流，必須用建築結構堅強的堤防。今天鋼筋混凝土堤防已經非常普及，蛇籠只是用來保護堤防的表面而已。

　　大甲溪橋工程，包括南北兩岸長達二千丈的堤防，以及一百五十丈長的橋樑。橋樑座落於今天豐原北邊大甲溪畔，與后里隔岸相望。這個地點，正是今天縱貫鐵路山線渡過大甲溪的地方。總價三十萬的工程費用，只有十萬元由政府支出，剩下二十萬都是來自地方富戶的「不樂之捐」。

　　暮春三月，正是宜人的季節。潺潺春水，準備向大甲溪橋展開攻擊。四月初一場大雨，大甲溪暴漲，堤防略有損壞。水退了以後，地方民眾趕緊將堤防修復。大家都知道，台灣河川最恐怖的樣子，是在秋颱過境的時候。不過，還等不到那個時候，六月十六日晚上，狂風暴雨襲擊中台灣，此後兩天大雨滂沱，堤防潰決六百丈。接下來雨水並未停止，一直到七月初才完全放晴。不過此時大甲溪堤防、橋樑已經全告瓦解，只剩下零星的鐵籠，東倒西歪躺在河床上。至於橋墩，連個屍體都找不到。政府和百姓四個月的心血，還有三十萬元白花花的銀子，就這麼隨波而去。

　　大甲溪橋潰決前，朝廷早在五月七日發布人事命令，將岑毓英由福建巡撫升為雲貴總督。所以壞消息傳到岑毓英耳中時，他已經是雲貴總督了。在他一年的福建巡撫任內，大甲溪橋是最重要的政績。沒想到完工才四個月，橋樑就全毀了。這對岑毓英來講，實在是莫大的打擊。對於當初反對建橋的仕紳來說，卻正中了下懷。橋毀之後，雖然幾次有人說要重建，但都不了了之。五年之後，巡撫劉銘傳建議開闢台灣鐵路。

　　五年看似短暫，但其間卻發生許多大事，其中最重要的是中法戰爭。戰火在基隆、台北一帶蔓延，前後將近一年。戰爭結束後，台灣升格為行省，戰時統帥劉銘傳則成為首任的台灣巡撫。有了中法戰爭的經驗，這位巡撫認為：台灣南北陸路交通亟須改善，而且非建鐵路不可。縱貫鐵路的構想，獲得清廷中央的支持，使得大甲溪橋的建築，重新燃起希望。不過，從西洋聘來的鐵路工程師履勘至此，又因為大甲溪橋址問題僵持不下，加上工程經費沒有著落，劉銘傳終於放棄新竹以南的工程。

　　大甲溪橋若不是如此短命，縱貫道山線（經豐原、台中）取代海線（經大甲、清水）的日子就會提早來臨，台中也才有可能取代彰化，成為中台灣的重鎮。大甲溪橋毀之後，縱貫道上的行旅回歸海線舊路，直到二十世紀初鐵路完工，山線才取得了縱貫交通的正統地位。

台灣近代化的慧星

大甲溪工程的意義

台灣近代化的光環，總是落在劉銘傳這個超級巨星身上，
實在應該分一點鏡頭，看看岑毓英做過的努力！

　　大甲溪橋雖然夭壽短命，但卻像慧星一般劃過天空，留下閃亮的驚嘆號！

　　在學界中，一直流行著關於「近代化」問題的爭辯。人類文明雖有數千年的歷史，但二百年前在歐洲開始的一連串變革，包括工業革命、技術革命、交通革命，以及政治、社會、教育文化的巨變，造就了「近代」的世界，這些改變也被視為「近代化」的要素。「近代化」從歐洲出發，藉著殖民地國的勢力，迅速擴散到世界各地。大約到了十九世紀末，台灣已經明顯感受到近代化的氣息了。關於台灣近代化的起點問題，在學術界中爭論不休。有的人主張一八八〇年代劉銘傳

大甲溪上的流籠，是非常原始的渡河工具。背景的大甲溪鐵路橋，正是清代大甲溪橋的原址。

主政的時候，台灣已經開始近代化。但也有堅持一九〇〇年代兒玉源太郎總督的時代，台灣才「真正」開始進行近代化。

暫且不管誰才是台灣近代化「真正」的催生者，早在一八八一年的大甲溪工程，「近代化」已經呼之欲出了。不過，因為這是一個失敗的工程，很少有人注意到它。畢竟，仰望歷史的星空，大家一眼看到的會是北極星，只有少數人有幸瞥見慧星。慧星雖不像北極星那樣為眾星拱繞，但更讓人印象深刻。

在台灣，所謂的近代化，是以電報、鐵路、輪船這些交通建設為首的。劉銘傳主政的時代，這些建設被視為「自強運動」的一環。兒玉源太郎主政的時候，則被稱作統治台灣的「基礎建設」。其次，台灣的近代化是和政府統治力的強化齊頭並進的。像交通建設，雖然最後促成了經濟的發展，但其出發點卻都是為了強化統治力，並且方便軍隊的調動。在推行交通建設的同時，不管是從北京派來的巡撫還是東京派來的總督，都致力於地方政府組織的強化，以使將統治木稍向下滲透。最後，由於近代化工程非常昂貴，因此政府必須同時刺激（甚至主導）經濟發展。也只有在好的經濟條件之下，近代化才能夠普及。

就以上三個近代化的特徵，建設交通、強化政府統治力、發展經濟來看，大甲溪工程都具備了。雖然岑毓英沒有喊出漂亮的口號，如同「自強運動」、「台灣事業」等之類的，但大甲溪工程卻實實在在推行了。第一、這是台灣島上首度進

為了保護橋梁，橋墩下整片河床全部鋪上蛇籠。大水過後，有些蛇籠被水勢掘起，「傷重不治」地躺在河床上。十九世紀被岑毓英倚為防洪萬靈丹的蛇籠，今天不過是廉價的消耗品。

行的大規模交通工程；第二、這是強化政府統治力的先聲；第三、這是台灣第一個多目標的綜合開發計畫。

首先，就交通工程的規模來說，以往台灣官員捐造的橋梁，工程費超過百元的，已經寥寥無幾，和大甲溪動輒三十萬元，根本無法相提並論。無怪乎岑毓英要建大甲溪橋，百姓是如何驚駭詫異了！百姓何以驚駭？道理很簡單：羊毛出在羊身上！政府向百姓要錢，例行收取的叫「稅」，臨時加徵的叫「捐」。「稅」有定額，每個人每年該出多少，官府不能任意增減。「捐」則沒有定數，臨時需要多少，百姓依照貧富分攤，一定要湊足才成。因為有錢人都住在城裡，所以當城池內外要蓋小橋，官府向這些最有錢的人要求「不樂之捐」時，大家還勉強接受，反正事後自己名字還可以刻在碑上，就當作廣告費吧！ 大甲溪橋不然，這座橋離府城那麼遠，官府向府城裡的有錢人派捐，委實說不過去。橋北邊距離最近的新竹縣城要兩天路程，南邊最近的彰化縣城也要走一天才到得了。這些地方的人資產不算豐厚，要他們吐出這麼多錢，是會狗急跳牆的。最後的結果是，政府只出了工程款中的三分之一，剩下三分之二全部向百姓派捐，共達二十萬元。大甲溪橋最後被沖毀，百姓心中的失望與憤怒，不難想像。

大甲溪橋不僅在規模上預告了近代的來臨，在材料和技術上也反映出「近代化」的特性。岑毓英之所以信心滿滿，是因為他相信「鐵絲」是無敵的。大甲溪的構工技術和傳統沒有太大差別。但材料卻是「高科技」的「鐵絲」，而且系出名門，由中國現代化的重鎮「馬尾造船廠」生產。有了鐵絲這種強韌的材料，就可以捆紮出一丈立方的巨無霸蛇籠，一定能夠擋得住大甲溪水的強力衝擊！岑毓英和現代人沒兩樣，都太過相信科技了。他如果有幸活到現代，實地去參觀現代大甲溪畔的堤防，恐怕要當場暈了過去。今天堤防使用的蛇籠數量，是當年的百倍以上。更何況蛇籠還不是堤防的主力，堤防的主力靠的是更新的材料——鋼筋混凝土！最後不要忘了：這一切的前提是大甲溪上游已經建起好幾座水庫來調節水量了。

岑毓英雖然過於自信，但他並非好大喜功之徒。不管是對內統治力的滲透，還是對外軍事防禦的強化，大甲溪橋都是必要之舉。岑毓英建橋的同時，也著手規劃在台中建城。這座城池不但是新增加的一座縣城，而且將要取代彰化成為中部的府城，甚至在台灣正式建省之後成為省城。台中要建城，大甲溪橋就非蓋

將石頭捆紮成籠，作為河工水利的技術，在中國已經行之數百年，在台灣依然盛行。只不過清代鐵絲太過昂貴，而且韌性不佳，因此都是用竹條做籠。到了日本時代鐵線逐漸普及，竹蛇籠才慢慢被鐵線蛇籠所取代。

不可，否則交通受阻，等於作繭自縛。交通工程背後，隱藏著政治和軍事力的擴大，是近代政府的一貫方式。岑毓英的確出手不凡！

近代化要能開發結果，絕對不是政府單方面的作為就能成功，經濟是否能同時起飛，才是關鍵。岑毓英蓋橋的同時還建築堤防，準備開發新生地。水利工程、交通工程、灌溉工程、土地改良的一體結合，在岑毓英的構想中已經成形。岑毓英失敗之後，直到一九〇〇年代台灣總督府才開始大力推行，然後成為二十世紀上半葉台灣土地開發的基調，且至少延續到一九六〇年代。對於這種創造田地之事，當時的文人又嗤之以鼻：

> 或聞中丞之言曰：「河平水涸，則兩岸皆成良田云！」余謂：「無備而官辦者，猶拾瀋也。富父槐已言之矣。」天下無不可為之事，所難者金錢耳！今不費大倉一粒、清俸一金，而動大眾興土工，立成數千頃之田，增十數萬之賦，此紙上談兵耳！天下有如斯之易事哉？

中國文人向來富於「反抗精神」，但常常為反對而反對，未必有什麼真知灼見。大甲溪橋迅速被毀，正中了仕紳的預言。然而，岑毓英的眼光太過「前衛」，也不是地方仕紳們所能理解。台灣近代化的光環，總是落在劉銘傳這個超級巨星身上，實在應該分一點鏡頭，看看岑毓英做過的努力！

洋人的南北路之旅

　　十九世紀末來台灣的的許多西洋人中，有一位後來成為著名漢學家的法國人，名叫「于雅特」。于雅特有一本著作，後來被翻譯成中文，書名是《臺灣島之歷史與地誌》。很幸運地，他為我們留下十九世紀末縱貫道旅行的點點滴滴。

　　于雅特曾經從打狗出發，走縱貫道北上府城。這段紀錄非常難得，因為當時絕大部分的外國人都走水路，也就是從打狗直接搭輪船北上，在安平港登陸，然後前往府城。越接近十九世紀末，搭輪船的人越多，許多滿清官員也都坐船往來於打狗、府城和淡水之間。除非公務所需，很少人像于雅特這樣，有閒情逸致走縱貫道的。

　　一番使人感到興趣的旅行，乃是由打狗至臺灣府的陸路旅行；這勝於沿著那使兩個城市分開的平坦海岸所作的沒有趣味的海路旅行。我們乘竹筏離開碼頭，沿著一條小河蜿蜒駛去，小河向左流入一小村莊，我們在這小村莊內很容易的僱到了轎子。此處道路非常仄狹；這不如說是被稻田夾住的小徑。路向東北伸去，直到那圍有牆垣的城市「舊城」，這城市已從它往日的豪華中十分衰敗下來。……走出城市，便開始那條貫穿芝麻、甘蔗、落花生等的田地及毛根竹林、香蕉樹林等等而通往首府的大路。在許多地方，這些樹木的枝條在空中再行交柯，而構成一些優美而隱蔽的小徑；太陽僅由樹葉叢中一些看不見的間隙透入，形成稀薄的金網。

　　于雅特從打狗碼頭出發，坐竹筏溯溪而上。這條河流在清代稱為「硫磺

水」，也就是今天高雄市的愛河。這條小河的航運終點在凹仔底（在今高雄市內愛河畔），上岸的渡口稱為「硫磺水渡」，縱貫道上的行人往來打狗港者，都以此處為轉運碼頭。渡旁「排班」等候的轎子和苦力很多，因此于雅特很順利就僱到轎子。這是陸路的起點，出發不久就會看到壯闊的鳳山縣舊城。因為鳳山縣政府遷移到新城（在今鳳山區）去了，因此位於左營的這座舊城便衰敗下來，這種情形于雅特也注意到了。

　　打狗到府城之間的路段，算是縱貫道上路況比較好的。在這個區間中，最大的兩條河流是阿公店溪和二仁溪。這兩條河水的上游屬於惡地形，因此河水帶有

鼓山山腳的水泥廠，是二十世紀後打狗的重要地標。水泥廠前方這條河流（今愛河）就是清代的「硫磺水」。于雅特從打狗港口坐小船上溯，便是在水泥廠前方不遠處上岸，從此展開南路縱貫道之旅。

十八世紀末鳳山縣治從左營遷到鳳山，位於左營的舊城便逐漸凋零。于雅特行經此地，目睹了這幅場景。

濃濁的灰黑色泥沙。多沙的特性雖然導致旅人涉渡的不快，但並不會造成什麼危險。

　　在猴山和臺灣府之間，必須涉過六、七條迂曲不很深的河流，這些河流灌溉著一些梯列在它們兩岸的小村莊，並從水稻中接受剩餘的水。這些多沙的河流在河口聚積起一些沙堆，而那將河水逐離海岸至某一距離的迴瀾，更使沙堆擴充起來。中國人通常都徒步涉過這些不同的河流；有幾條河流有著一些由中國官員貸予的渡船。騎馬渡過這些河流可能是危險的事，因為河中的沙大部分游移不定，並且始終準備在重壓之下讓步的。在到達那位置在臺灣府中途的村莊阿公店之前，路被三條這樣的河流所切斷。

　　從打狗到府城，必須花費兩天，中途只有一處宿站「阿公店」，行旅都在這裡過夜，于雅特也不例外。阿公店就是今天的岡山區。

　　阿公店是一個具有迂曲街道的小村，……從這村莊步行八小時，便有一大鎮，這是到達臺灣府以前的最後一個歇腳處；經過這鎮市，土地便較多起伏，幾乎不曾開墾，到處有一些死水的沼澤擋住去路。

洋人南北路之旅路線圖

───── 縱貫道

- - - - - 旅行路線

打狗　舊城　阿公店　府城　曾文溪　番子田　嘉義　大埔林

　　第二天清早，于雅特離開阿公店，天黑以前便能抵達府城。于雅特走了八小時，來到進入府城前最後一個休息站。此處距離府城不遠，但必須穿越難走的沼澤和荒地。這段難走的路就是今天的「南台南」，也就是台南機場和糖業試驗所一帶。在清代時這裡土質極差，因此居民稀少。二十世紀以後，這塊遼闊而完整的荒地被政府收為公有，最後成為機場、軍營、眷村，以及台糖公司的遼闊蔗田。

　　打狗到府城的旅程就此結束。于雅特親歷南路縱貫道，自然也想看看北路的情形。北路自府城出發，前往艋舺和淡水。這段旅程的目的，當然不只是走馬看花。當時來台灣旅行的西洋人，許多都想看看山地的原始風貌，甚至訪問原住民的部落。台南府城的長老教會教士們，是他們最好的導遊與地陪。他們的旅程受到教士的影響很大，幾乎必定造訪赫赫有名的甘迪留斯（CANDIDIUS）湖。甘迪留斯是十七世紀來台灣傳教的荷蘭教士，十九世紀末府城內的傳教士以他為名，自己給日月潭取了這個洋名字。

　　于雅特書中的許多記載，常常是得自其他洋人的見聞，並不一定是他親身的經歷。有時候別人的經驗會和他自己的混淆不清。像是以下這篇北路旅行記，有

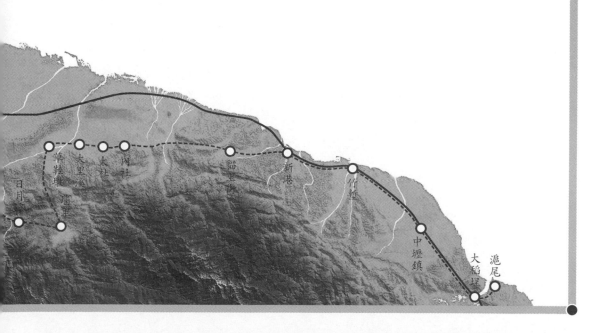

一大部分和柯勒一八七六的旅程吻合，因此于雅特很可能是參考他人的經歷。不過，我們只是透過他們的敘述，重返百年前縱貫道的現場，因此下文姑且以柯勒為主角，綜合他們的見聞，欣賞一趟北路風光。

正因為必須繞道日月潭，因此以下的這趟北路之旅，只在斗六以南、後龍以北兩段是經由縱貫道。不過，斗六和後龍之間的路線，除了日月潭一段外，他也採取了漢人的慣行路線。這條慣行路線經由南投、台中、豐原和苗栗，是十九世紀才逐漸成形的，也就是今天「山線」的前身。由台灣府到淡水的旅行，天氣良好時，通常可於十日內完成；最簡單的交通工具是轎子。從台灣府到淡水要花十天，遵循傳統的「尖站」和「宿站」，也符合標準的時間表。我們擷取北路旅行的見聞如下：

> 我們在臺灣府毫不費力地找到了出租的轎子；價錢講好了，乾糧購好了，而一個吉日選定了，我們便離開了臺灣島的首府，走上了往淡水的路。這條「路」（如果一條壞路也可以這樣稱呼的話）兩側由一些番石榴、野生的覆盆子和花朵在空氣中散發著怡人的芳香的合歡樹等等的灌木叢鑲混著，它在一個絕對平坦而且耕種繁茂的地方通往前去。

對於一個外地人來說，一定會不斷抱怨台灣道路路況的惡劣。還好，這位洋人雖然為路況惡劣所苦，但頗能自得其樂，懂得欣賞沿路的自然美景。

> 從臺灣府步行五小時後，它便被那頗為寬闊但不甚深的河流「曾文溪」所切斷，人們以竹筏渡過此河。我們的轎夫告訴我們說，落雨的時候，河流洶湧，竹筏被急湍帶走，在轉彎處撞毀，或是連同船夫和乘客巔覆在中流的一個旋渦內，這樣的事並不少見。幸而我們是在旱季旅行，而我們毫無這樣的事需要擔心。在這河流對岸，便開始一連串被深深的谿壑所切斷的高地……。

下午一點柯勒一行抵達曾文溪畔。由於正逢旱季，柯勒無緣見識到曾文溪的怒濤洶湧，不過光是聽筏夫講故事，也已經夠嚇人的了，他對台灣河川的認識是：

> 我們應當注意：在島上的這部分，幾乎沒有一個地方有一條真正固定的河；由於秋季大量雨水而來的急流，從不採用它們上一季所用的同一河床，從山上急劇降落的它們，常常在柔軟易破的土地上創闢一些新

柯勒渡過曾文溪後，穿越幾處坑塹才抵達番子田住宿，這些坑塹許多後來都堵起來蓄水植菱。至今官田鄉仍以盛產菱角著稱。

的河床。

以上說法雖然有點誇大，但也反映出他的驚異。渡過曾文溪之後，下午四點抵達番子田村住宿。番子田就是今天台南市官田區的隆田。照理說，北路第一天的宿站是茅港尾。柯勒一行渡過曾文溪以後，便偏離縱貫道前往番子田。之所以不在茅港尾過夜，還是與傳教士有關。由於番子田是距離茅港尾最近的教區，府城內的傳教士早已在此建立教堂，廣收信徒。柯勒經過傳教士的介紹，到番子田下榻比較方便，而且有人招待。

清晨八點鐘從臺灣府出發，我們在下午四點鐘到達了番子田村，在那地方停下來以便吃飯並過夜。這村莊離曾文溪有兩小時的行程，而距嘉義則有九小時的行程。……從這村莊通往嘉義的道路貫穿著一些種著山芋和落花生的田地；這條路曾兩度被寬闊的水流所割斷。

和所有的遊記一樣，第一天總是充滿著驚奇，因此記述的情節也最豐富。第二天從番子田走到嘉義，以及第三天以後的行程，就匆匆帶過，沒有太多的故事。

離開嘉義後，我們經過「大埔林」（今嘉義大林）（一個被池塘環繞著的大市場）、「斗六」和「九芎林」（今雲林林內）等村，都沒有停留。在最末一個村莊，土地變得愈加凹凸不平；我們已經靠近台灣中部大山脈最前鋒的支脈。

到了這裡，一行人準備離開縱貫道，拐入山區。縱貫道上南來北往的行旅，都是從斗六繼續北上，渡過濁水溪進入彰化平原，然後經北斗、員林、彰化抵達

大肚溪。由於他們的目的地是日月潭，因此在斗六分道，循著濁水溪沿岸上溯，經過竹山、集集到水里，然後翻過一個山頭便是日月潭了。

我們將九芎林稍稍拋在我們的左邊，而走進一片耕作得很好的美麗平原……。三小時後，我們到達了那人口眾多的市鎮林杞埔，一條被夾在多沙的丘陵中的河流便從這市鎮上流過。沿著這被許多急流形成時高時低的水道（在整個島上時時有著航行的麻煩）前進，我們到達了另一個展開在北方的、狹長的盆地。在這盆地內有著集集村，村中房屋散布在一條小河（即前面所說河流的支流）的沿岸。從此處起，我們便需由多石難行的路徑，攀登俏削險峻的高地。

滿足了對名山大澤的好奇心，柯勒經由埔里出山，抵達草屯。其實，從斗六經竹山、南投到草屯，然後北上的這條路，是縱貫道以外中部最重要的南北幹道。于雅特從草屯往北，便依循著這條路徑北上。

柯勒在大林見到的大池塘，其實是「埤」。今天大林市街仍然緊挨著這座埤。

　　隨後我們看到了以下各村：「草鞋墩」、「大里溪」（我們從這村向東北眺望過去，可以看到 Sylvia 的巍峨的圓錐體）、「大社」（附近都墾闢得很好）。

「草鞋墩」是今天南投縣草屯鎮，「大里溪」則是台中市大里區，這裡可以望見雪山山脈的高峰，西洋人稱它為「Sylvia」。清代漢人稱這座「圓錐形」的山峰為「熬酒桶山」。至於「大社」則是「岸裡大社」，位於今天豐原與神岡的交界上。一般漢人不會行經此處，而是到葫蘆墩（豐原）歇腳。洋人造訪大社，仍是因為這裡的平埔族接受基督教信仰，有教徒接待。離開大社之後，他們一行北上，在「內社」過夜。

　　最後，在北曲，則是「內社」，這是個很有風緻地被安插在一片窪地中的村莊，窪地中央流貫著一條仄狹的小溪。房屋都被那些俯瞰著它們的高地遮沒了。村的四周，在那些彷彿牆壁似的丘陵上，展開著一些美麗的茶園，五彩繽紛的嬰粟田、甘蔗田等等。

「內社」就是今天的鯉魚潭，也是一個信奉基督教的小村子。他們在此受到教徒的招待過了一夜。第二天清早，他繼續沿著山線道路北上，經過貓里街（苗栗）抵達新港（在今苗栗縣後龍鎮內）住宿。

　　由此而前，我們穿過一片美麗的、海拔極高的高原，高原的坡上盛植著茶樹，隨後是一些原有壯麗的樟樹林已被伐去的起伏著的丘陵。這便是貓里街和新港等鎮所在的地方的狀況。在竹塹（今天已被正式稱為新竹），我們休息了數小時。在竹塹以後的第一個歇腳地是中壢鎮；這鎮四周是一片盛產米穀、甘薯、蘿蔔等等的地方。大稻埕結束了我們的旅行；從這裡，一隻小小的蒸汽船將我們迅速地載往滬尾或淡水。

　　新港也是平埔族的番社，馬偕在這裡建立教會，招募信徒。若不是因為這個緣故，一般人都是在新港附近的後龍歇息。山線道路在後龍接上縱貫道。從此，柯勒便遵從一般人的旅程，經過新竹、中壢抵達大稻埕。大稻埕碼頭有蒸汽船直達淡水，柯勒就此結束他的北路之旅。

　　類似的旅行路線，十九世紀末許多洋人都曾走過，不過他們大多行走片段，很少有以上這樣南北全程走完的紀錄。這些洋人的旅行遊記，成為不可多得的歷史記述。相較於漢籍文獻，我們很難找到這樣內容豐富、情節生動的紀錄。畢

柯勒途經台中所看到的渾圓山峰就是大壩尖山，漢人則因為她形似「熬酒桶」，因此稱為「熬酒桶山」。

柯勒曾在後壠溪口休息，看到開闊的出海口，以及南岸簡陋的帆船港口。

竟，漢籍文獻幾乎都是公文書，私人著作很少，而且幾乎都是官員所撰，記述因公務所得的見聞。不過，來到台灣的西洋人，大多受到傳教士的指引或幫助，因此他們的旅程並不能完全反映台灣交通的普遍狀況。像是柯勒這次旅行所採取的路程，就被許多人誤解，以為漢人也都走一樣的路線南來北往。許多旅行紀錄在今天受到過度的引伸，反而誤導讀者。這和郁永河的著作被過度引用，情形非常類似。歷史紀錄是一把兩面刀，它在幫助我們重返歷史現場的同時，也幫我們戴上一把有色眼鏡，並且在不知不覺中為我們洗腦。

縱貫道的蛻變與重生

一六八四年出現的縱貫官道，維持了兩百多年的原始風貌，直到日本統治
時代才蛻變成縱貫公路。

干雅特不僅記錄旅行見聞，對於當時的交通問題，他也有自己的看法：

　　如果一部分和海岸併行，另一部分和海岸成為垂直線的那些交通大
路，在創設一個鐵路網之前，能夠確實使得島上的商業行動日趨發達；
如果那些海港（至少那些主要的海港）能夠受到改良並能讓巨大的汽船
進出；如果農工業由於採用歐洲通行的新的方法而得到解放、鼓勵和改
善，則天然處在一個非常重要戰略地位的台灣島，將成為一個無比有利
的屬地。

　　是的。在他講完這些話沒多久，台灣便成為日本的屬地。只不過，對這位法
國人來說，交通狀況必須「先」改善，或者確定「能」改善，台灣才算得上是一個

這座橋位於台灣府城內，橋下水溝已
經淤積乾涸。這條水溝當年也曾經是
重要的牛車道路之一。

「無比有利的屬地」。在日本人取得台灣之前，清帝國在台灣推行了二十年的改革，企圖改善台灣的交通和軍備，但整體而言並不成功。在官方的公文書中，可以看到官府的確有「振衰起弊」的決心。但根據非公文書的紀錄，以及所有西洋人的見聞，清末台灣的交通建設成效很低，幾乎可以說徹底失敗。于雅特報導了他親身所見的實況：

> 自從一八七四年以來，中國當道懂得了把島內重要地點連貫起來的必要，而開始了交通道路的建築〔那些道路夠不上稱作「道」（routes），而只能說是「路」（chemins）〕。這時期派遣到臺灣島去的許多軍隊使得這項有用的工事能夠順利完成。如今沿著西海岸有一條路由北部通往南部，並將配置在淡水到恆春之間的那些城市和村莊彼此連貫起來。這條路沿著一些劃在稻田中的小徑，把那些能夠通過臺灣製的粗木架與實心輪的載重貨車的內路接合起來，然後又延伸出去。在下雨的季節，這類道路變成了水溝或河流，因為附近的田地把水流注在那裡面。為著走過這些道路，步行者常須把下半身沒入水中。在竹塹和淡水之間，路面較佳，可惜這路不是到處都是那樣。

清帝國的官員，沒有機會重來一次，因為一八九五年清國就將台灣割讓給了日本。此時，台灣立即陷入一片混亂，日軍無法從清國手中和平地「接收」台灣，必須靠自己的雙手「打」下來。

牛車路往往兼作水溝。如果要在水溝上建橋，又不妨礙牛車通行，就只能造成拱形的。拱橋造價較高，因此並不多見。一般的情形是架橋板，每當牛車經過時就要移開，行人和牛車雙方都得忍耐這種不便。

當年的陸軍路，絕大部分已經拓寬改建成省道了。只有很少的路段因為新路偏移，因緣際會地保留下來。這些路段直到今天都還稱為「陸軍路」。

　　一八九五下半年的「征台之役」，日本軍徹底領略到了台灣交通的惡劣。事實上從六月分開始，日軍只是沿著縱貫道「攻城」，根本沒有餘力殺入鄉間小道「掠地」。日軍行走在台灣「首善」的縱貫道上，就已經大歎吃不消。因此，還等不到十月底「全島底定」之日，工兵部隊已經著手建築新路了。

　　這是台灣有史以來第一條「構工築成」的道路，和以往「人走出來的路」大相逕庭。這條路民間俗稱「陸軍路」，因為她是由日本陸軍後勤單位開始修築的。「陸軍路」沿著清代的那條「縱貫道」施工，只有在極少數的地方，因為工程的需要稍稍偏離，但很快又回歸既有的路線了。

　　日軍登陸後不到一年，台灣總督府宣布由軍政回歸民政。雖然「陸軍路」的工程立即交接給民政單位主持，但軍方仍然幫忙籌措經費，並且從旁參與路線的規劃和施工。不久之後，日本陸軍將從甲午戰爭退役下來的軍用鐵軌釋出，運來台灣鋪設在陸軍路上，北起鐵路南端終點的新竹，南至鳳山和打狗港，成為台灣第一條台車軌道。這條台車路線由陸軍後勤單位經營，除了運輸軍用品之外，也開放給民眾乘坐，甚至接受貨品的托運。

　　一八九八年起，總督府決定新建一條北起基隆、南至打狗的鐵路，一九〇八年全線完工，並且命名為「縱貫線」。從此，台灣人才真正接受了「縱貫線」的名稱，也才有了「縱貫線」的概念。鐵路完成之後，總督府回過頭來整頓公路，

以「陸軍路」為基礎，規劃一條嶄新的公路，正式命名為「縱貫道」。「縱貫道」的工程一波三折，直到日本人戰敗撤離台灣，最後一段工程還沒完成。政府在軍事的考量之下立即接手，加上美國援助的金錢和物資，一九五三年西螺大橋完工通車，「縱貫道」工程才劃下完美的句點。此後，日本人起建的「縱貫道」，成為中華民國的「台灣省道第一號」，民間則俗稱「省道」、「縱貫路」或「縱貫省道」。

　　一六八四年出現的縱貫官道，維持了兩百多年的原始風貌，直到日本統治時代才蛻變成縱貫公路。在二十世紀短短的一百年間，台灣西部的縱貫交通經歷好幾次重大的變革。首先是鐵路取代公路，主導陸路交通。接下來內燃機發明，汽車開始普及。混凝土架橋技術的突破，加上土方施工機具的引進，使得公路建設逐漸追上鐵路。直到一九七八年高速公路完工，縱貫鐵路的相對地位大跌，高速公路成為西部縱貫運輸的主流。沒多久因為國民購買力增強，越來越多人購置自用汽車，公眾運輸系統的地位也跟著下降。車輛越來越多，城際運輸和市內交通快速惡化，人們回頭向鐵道尋求解決方案，於是又有了捷運系統和高速鐵路的興築。清代兩百年幾如一日的原始縱貫道，經歷了二十世紀的巨變之後，早被人們徹底遺忘了。

即使在二十世紀上半葉，公路橋梁也很少。許多地方客運汽車只能涉水而過。

縱貫道上的先民足跡

第五章

沙起風飛 快如奔馬

平埔番跑公文

據說平埔少年「麻達」一天可以跑三百里，速度比馬還快。

　　在中國內地，比較重要的「官道」，會被特別建立成「驛道」，但並非所有的官道都是驛道。「驛道」沿路有軍隊把守，每隔一段距離，就設有吃飯、休息、住宿的場所，配置專責的人員、馬匹，負責維護驛道的暢通。所有的公文、貨物，都訂定傳送速度的等級。「最速件」一天必須遞送六百里，通常是最重要的命令、軍事情報等。一般的情形，每日遞送四百里、二百里就可以了。而一般人一天則只能步行一百里。

　　台灣一條驛道也沒有，所有官府的公文，主要都在縱貫道上傳遞。縱貫道上雖然不用馬，但卻有「快如奔馬」的信使，這便是「麻達」──平埔少年。

　　依照平埔族的風俗，少年男子到了十二、三歲時，就算是「麻達」了。為了跑步的需要，他們往往用籐條編成「束腹」，以保持身材的輕盈。平時更是勤練跑步，希望在同儕中脫穎而出，成為受人敬重的跑步健將。平埔少年中比較傑出的，便會被派給這項跑公文的任務。據說「麻達」一天可以跑三百里，速度比馬還快。

　　依照規定：公文必須隨到隨遞，不能任意拖延積壓。而公文送達的時間也不一定，為了怕耽誤公事，「麻達」隨時都要有立即上路的準備，即使是夜晚也不回家睡覺，而是住在「社寮」。不論晝夜，只要有公文遞到，就可以馬上起身接替，將公文跑送到下一站去，就算颱風下雨也不例外。

　　對於勞役繁重的平埔族人來說，送公文並非苦差事。事實上，台灣本地的公文數量不多，每個「傳遞站」只需二、三位麻達當班就好了。每個番社只要派出

送郵件是番人的專長之一，他們雖然也用肩挑，但是和漢人的扁擔不同。貨物直接捆紮在竹竿（或木棒）兩端，不像扁擔需要懸吊，適合爬山與奔跑。

幾位年青人輪流當值，就可以解決這項勤務了。更何況，平埔族本來就有「競走」的風俗。能夠擔當跑公文任務的麻達，都是番社中腳力最強的年青人，因此也是最受大家敬重的人。

作為一個快遞麻達，少不了許多行頭。根據文獻的描述，麻達跑公文的情形是：

> 麻達插雉尾於首，手繫薩豉宜；結草雙垂如帶，飄颺自喜。風起沙飛，薩豉宜叮噹遠聞，瞬息間已數十里。

麻達上路時，頭上要戴長條形的「雉尾」，手上要綁著「薩豉宜」。所謂的「薩豉宜」，就是在手掌背面綁上一塊金屬，然後戴上鐵鐲。當「麻達」跑步時，鐵鐲隨著手臂的擺動，和金屬相互撞擊，發出響亮的錚錚之聲。每跨一步便響一聲，配合著跑步的節奏，幾里之外都能聽到。尤其在萬籟俱寂的深夜，「麻達」的聲音由遠而近，然後又漸漸遠離。在這片原始的大地上，聽不到城鎮裡夜晚更鼓聲，只有「薩豉宜」的鏗鏘節奏，便是這個非漢人世界的獨特風情！

葫蘆是番人常用的容器，特別是在過河的時候，兼有防水的功效。

　　葫蘆也是麻達必備的行頭。平埔族人喜歡葫蘆，往往以葫蘆多者為富有。他們將特大的葫蘆刨空曬乾，加工製成容器。還用鹿的油脂保養外殼，時時用手掌摩娑，最後便煥發出紅漆般的光澤。出遠門的時候，就用葫蘆裝行李。麻達遞送公文，遇到需要涉水的時候，便將公文放到葫蘆中，再將葫蘆戴在頭頂上。如此一來，即使游泳，公文也不會濡濕。

　　「麻達」的敬業精神，令人感佩。不過，用麻達跑送公文其實是不合體制的。台灣雖然沒有像中國內地一般專業的驛站制度，但依照法令，跑送公文屬於阿兵哥的職責。各級政府每年都有編列固定的預算，用來支付鋪兵（專職遞送公文的士兵）的薪餉。帳面上鋪兵的糧餉，並未真的發放出去，而是被縣官截留，成為縣政府私下的收入。至於麻達呢，跑送公文算是義務勞動，沒有薪水可領。十八世紀末葉以後，隨著平埔族的遷徙和式微，鋪遞制度逐漸回歸正軌，才真正由鋪兵擔任信差。不過，路況較差的地方，例如淡水到基隆這一段路，仍舊是依賴平埔族遞送公文。「麻達」完全退出縱貫道，已經是十九世紀的事情了！

哆囉嘓社麻達遞送公文歌

喝逞嗅蘇力（我遞公文），麻什速嗅什速（須當緊到）；沙迷其呵奄（走如飛鳥），因忍其描林（不敢失落）；因那嗅噎包通事嗅洪喝兜（若有遲誤，便為通事所罰）！

涉水與過橋
過小溪流

清代縱貫道遭遇小水流阻礙，九成九以上沒有橋梁，必須涉水而過。

　　縱貫道上最大的障礙，要算是河流了。台灣河川的詭譎多變，難以駕馭，到今天仍深深困擾著我們。在那個人不可能勝天的清代，大家對河流只能逆來順受，從不嘗試改變她。縱貫道遇上大河，頂多用竹筏擺渡，根本不可能建橋。即使是渡口，也都要隨時順從河道的改變，沒有一定的位置。水流比較小的地方，連竹筏這種吃水極淺的「船」都無法通行，行人就只好撩起裙襬，涉水而過了。十八世紀的文人吳子光曾說：「台人問津至此，姑以缺陷還之山川」，無奈之情，溢於言表！

　　把缺陷還給山川，難道就沒有缺陷了嗎？當然不是！小的水流並不會真的阻絕交通，即使沒有架橋，人們依然能徒步涉越。其實，就算架有橋梁，也只是

直到今天，嘉南平原上仍然有許多季節性的便橋，在枯水期可以通行。所不同的只是古代用竹子，現代用水泥。竹子架設的只有半年的壽命，水泥的則可以浸在水裡，等待下個枯水季節來臨，還能繼續使用。照片中可見河底便橋橋墩很矮，橋面高度遠低於堤防。

圖個枯水季節的方便而已，大部分的橋梁在春夏之間第一次大水來臨時，就盡付「西」流了。在近代引進新式的工程材料和方法前，台灣的主、次要河川上，從來沒有成功地架設過一座永久性的橋梁。非但如此，即使是建築在小溪流上的橋梁，也都是「冬成夏壞」，壽命只有半年。根據文獻中的解釋，是因為磚石取得不易，價錢又非常昂貴，只好以木頭或竹子代用。

這種「編竹覆土」的簡陋橋梁，在嘉南高屏等平原地區最為盛行。因為南台灣旱季和雨季的區別顯著，因此冬、春旱季時，許多河流都乾枯到幾乎見底。因此，每年雨季結束時，附近的居民便會架起竹橋，以免徒涉的行人陷入河底的泥淖。這種簡易的便橋，只要下一場大雨，就會被暴漲的溪水沖走。在南台灣，冬、春兩季很少下大雨，因此竹橋的壽命常常可以維持到下年度的雨季來臨。至於北台灣，每個季節都有可能下大雨，架設這種簡易便橋，就比較划不來了。

在清代的文獻中，可以看到許多橋梁的紀錄。如果我們逐條檢驗，就會發現這些都是小橋，而且大多只是架在水溝上。超過十公尺以上的，可以說是寥寥無幾。以今天的工程標準來看，道路要跨越這種水溝，只要做個「涵洞」就可以了，根本沒有必要架橋。不過在清代，在水溝上架橋已經很了不起了！

造橋鋪路，幾乎可以說是古代「善舉」的代名詞。所謂「善舉」，意味者原本沒必要作卻作的、利於大眾之舉。造橋鋪路被視為一種「善舉」，意味著交通建設原本是一件「沒必要作」的事。在傳統政府的眼中，交通工程不屬於官府的「應辦事項」之一。事實上，政府完全沒有「路政」的觀念，不論交通建設還是交通管理，都和政府無關！偶爾官老爺會出面「鋪橋造路」，不過這算是額外的「善舉」。多作了可以表現官老爺的「愛民之心」，少作了也不算失職。至於建橋的經費，官老爺通常會先捐點錢，藉以「拋磚引玉」，剩下的主要還得靠有錢人出錢、沒錢人出力完成。清朝統治台灣二百年間，台灣的高官，如台灣道、台灣知府，以及各地知縣，偶爾都會捐造橋梁。不過，這些橋梁通常都位於城池內外的小水溝上，從來沒有建於大河上的。

以台灣道為例，身為台灣全島最高首長，捐錢蓋座小橋，就要大書特書，必欲流名青史，垂諸萬世。橋梁短小沒關係，一定要加上漂亮的欄杆，讓大家都注意這座橋。更重要的事情是立碑，碑上鐫著官老爺自己寫的文章，加上親筆落款。幾年後橋垮了沒關係，只要碑還留著，百姓就都能記得官爺的「德政」！橋

這些架設在府城內水溝上的欄杆橋，每座都有一個文雅的名字，一半以上立有紀念石碑。雖然沒有一座超過十公尺長，但都是官員或富商「善舉」的表徵。至於城外縱貫道上，真正需要架橋的幾百處，幾乎付之闕如。

這座「蔣公堤」石碑，至今仍屹立於台南市鹽水溪岸。十八世紀的時候，府城一位姓蔣的大官曾經在此建立一座長堤，讓縱貫道上的旅人通行。這是清代可考的文獻記載中，規模最大的一次造路之舉。當然，這條路堤維持沒多久，就被洪水沖壞了。

蓋在哪裡呢？當然是最繁華的台灣府城內，過往商民頻繁，大家都能看見。如果是在府城外，通常距離很近，不會超過一小時的腳程。官老爺統轄全台，走完全境要半個月。他老人家在府城十里之內蓋橋，便覺「功德圓滿」，至於其他千里廣的土地，則只好「將缺憾還諸天地」了！同樣的道理，縣太爺捐造的橋梁，大概也不脫縣城內外咫尺之地。

除了城池內外有橋，其他能夠見到橋梁的多半在大村鎮裡。只有大型的村鎮中，才有足夠多的富戶。每個富戶拔九牛之一毛，聚少成多才夠蓋一座陽春小

橋，藉此滿足他們「熱心公益」的虛榮心。當然，這座橋不會蓋在村子外偏僻的
地方，只會在村莊的出入口或內部。最需要橋梁的地方，當然是在郊外，不會是
在村內。清代這些橋梁，服務行旅的功能很低，對於交通的貢獻可以說微乎其
微！因此，清代縱貫道遭遇小水流阻礙，九成九以上沒有橋梁，必須涉水而過。

難以越渡的溪流

旅行的方式繁多，最主要的
是徒步。徒步時常遇險，且
令人疲倦，道路崎嶇非常，
方才爬過一個山，又到了一
塊炎熱多風的沙地，又須穿
過一處叢林地；山中的溪流
在雨季裡，其數尤多，且多
難於越渡，故鮮有舒適的旅
行。有時須坐在苦力肩上渡
河。我們通常只有兩個人，
渡河時兩個人拉著手，涉

兩岸各立一支木樁，中間繫上一條繩索。有了這種輔助設施，
渡夫或渡客就可以攀援，竹筏也比較不容易被激流沖走。

水而渡，另一隻手拿著竹棒，慢慢涉渡。有一次一個姓陳的說教師，差點被
淹死，他的同伴在水裡跌了一下，他因失去身體平衡，被流水沖倒，在水裡
打滾起來，過一回才被岸上的兩個學生救起來。有些地方有渡船，但船上的
人都要緊握著橫繫兩岸的雀藤索。有時船夫因怕急流而不敢渡，留在岸上不
動。有一次，我們遇到一小急的溪流，看見對岸有一小船，但不見船夫，我
們雖大聲叫喚，卻沒有回聲。終於兩個學生游到對岸，用繩子繫住小船，把
小船拖過來。大家坐上小船後，有幾個人志願當槳手，船上的人都蹲伏在船
底，另幾個人從岸邊把小船猛推出去。在急流中幾個槳手雖用盡了力量，小
船卻被沖流下方，終於觸到水底的巖石，而碎成零片，幾個人受了傷，且都
全身已淋濕。我們沒有燒火來烤乾衣服，因我們知道再渡另一個溪流時可能
再淋濕。

（馬偕，《台灣遙寄》）

路在溪中亂石處

過石溪

台灣島上比較大的溪流，大概沒有一條是「只有一條」水流。從天空俯瞰，
就像是一條拉長的破毛巾一樣，絲絲縷縷地交錯。

　　小水流或許可以架橋，但是遇到大河就沒辦法了。台灣島上比較大的溪流，
大概沒有一條是「只有一條」水流。從天空俯瞰，就像是一條拉長的破毛巾一樣，
絲絲縷縷地交錯。因此，縱貫道上的旅人，很少搞得清楚到底現在在過哪一條
溪。只有終日奔波於此的苦力、轎夫和渡夫，才
能摸清楚這些詭譎多變的溪流。當旅人要穿越「一
條」大溪的時候，通常先得涉過好幾條小水流，然
後渡過一或二道大水，最後又遇到好多道小水，
才算離開溪埔的範圍。不管是大水還是小水，都
是遷徙不定的。去年這條水盛，今年可能乾涸，
溪水反而集中到去年淺顯的另一條水道去了。

　　由於溪水變化不定，因此只有（相對來說）
最穩定的一條大水，才可能有渡船可坐。其他流
量太小的水道，渡船即有擱淺之虞，行人只好撩
起褲腳，自己涉水過去了。大河之中，還可以分
為「石溪」和「沙河」兩種，脾氣完全不同。縱貫
道上最惡名昭彰的大甲溪，可以當作「石溪」的
代表。且看古人的誦歎：

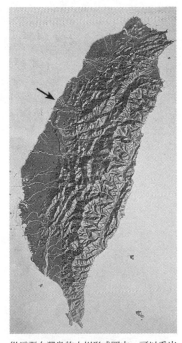

從這張台灣島的山川形式圖中，可以看出
大甲與大安兩溪（箭頭所指處）下游的放
射狀漫流，最為顯著。

　　　雨山夾溪出，眾水中流分；
　　　水落群石起，兩山相對奔。

一水渡未畢，西海已銜半邊日；

不辨山容辨水聲，水聲急馳如雷疾。

水挾沙石流滔滔，鯨魚有脊鯤有尻；

風雨春秋發洪潦，一溪萬竅生怒號。

招招舟子指行路，路在溪中亂石處；

陵谷今來幾變遷，亂石如山流不去。

　　所謂「路在溪中亂石處」，真是道盡了渡溪之苦。文獻中對大甲溪的「怨嘆」，多如牛毛，冠於全台各溪。大家的矛頭都指向大甲溪的二險──「石險」與「水險」。

　　首言「石險」。大甲溪溪底以多怪石聞名。由於大甲溪分作好幾道水流，其中比較小的不通舟筏，行人必須涉足河床。河底較小的石頭在水流的帶動下，相互激盪撞擊。行人一不小心，很可能被石頭打到腳踝而失足。著名的文人吳子光曾經描述大甲溪：「土產怪石，如虎牙、如劍鍔，與風水相擊撞」。另外，河床上較大的石頭雖不滾動，但也一樣危險，因為它們的表面長滿青苔，常常害行人滑倒。至於比較大的水流，雖然可以利用舟筏，然而「舟一葉行石罅中，亂流而渡，稍一失勢，則有性命之虞」，因此，吳子光認為大甲溪「比之灩澦堆、羅剎江、惶恐灘等，其奇險尤百倍，乃全臺第一畏塗，行者苦之」。

　　除了「石險」外，「水險」更可怖。阮蔡文描寫大甲溪：「水方沒脛已難行，水至攔腰命呼吸」。大甲溪水流湍急的程度，比起大肚溪、濁水溪、曾文溪、高屏溪都

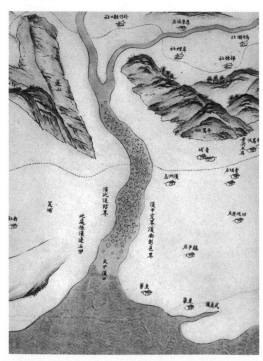

十八世紀中繪畫的地圖上，誇張地表現大甲溪河底的石頭，手法笨拙而有趣。

從西濱快速道路的橋上俯瞰大甲溪河床，一望無際的卵石令人嘆為觀止！

要嚴重。大肚溪、濁水溪、曾文溪、高屏溪這幾條河川，水量並不見得比大甲溪小，但它們的河床主要由沙土構成，非常平整。因此，就算水流速度很快，卻保持一定的流暢。大甲溪則不然，由於河底滿布石頭，因此凹凸不平，水勢跳躍起伏無常，而且常帶漩渦。

「石險」加上「水險」，造就大甲溪的惡名。更糟糕的是，縱貫道通過大甲溪的渡口，距離出海口已經很近。因此，失足的旅人往往被水一沖，立刻沒入大海，連屍體都找不到。在清代，即使是以善泳擅渡著稱的平埔族人，聽到大甲溪也是聞之色變。溪邊擺渡的筏夫、抬轎的轎夫，都不敢掉以輕心！

大甲溪最危險的季節，要算是夏天和秋天。台灣的夏秋時節，常有午後雷陣雨。上午原本太陽炙熱，萬里無雲，一過晌午卻風起雲湧，很快便大雨滂沱。有時上游已經下起大雨，下游卻還陽光普照。上游雨水迅速匯集到河裡，水勢立刻漫起。下游天色才剛轉陰，洪峰已經同時抵達。不懂得觀察天色的行人，看到陽光普照，河乾水枯，便貿然走入石灘。越過幾道小水後，才發現天色逐漸轉陰。不多時，雨滴還沒落下，河水便已暴漲。方才通過的潺潺涓流，不知何時竟成奔騰巨浸。此時前後受阻，悔恨莫及！這樣子的情節時有所聞：

> 聞昔年有人急於行路，見雲起兒不肯駐足，行至溪底，內山之水驟發，趕擇洲灘高處息肩，水勢已滔天矣；候至七日尚不能過，人皆待斃，因脫短衣取輿扛縛其上，四面招展，以求救援。岸上居人，冒死乘筏以往，方得誕登彼岸。險矣哉！

　　像這樣困了七天，最後還能得救，已經算是非常幸運的了。因此，為了安全，只要天色不佳，就算重金買渡，也不會有轎夫甘冒性命的危險。在水勢盛發的夏天，大甲溪南北的交通，往往中斷，有時竟然長達一個多月。直到十九世紀，大甲溪仍然是縱貫道上最大的阻礙，也是隔絕南、北台灣的天險。因此，到了十九世紀的下半葉，官府便極力思索解決之道，因此有了一八八一年的築橋壯舉。

行過一片石卵，遇到一條水流，接著又是一片石卵，然後又有一道水流。如此反覆循環十幾次，折騰二、三個小時才算渡過「一條」溪流。

爬沙百腳工騰挪

過沙河

沙河表面平緩，其下卻暗藏殺機。

以大甲溪做分界，北部多石溪，南部多沙河。石溪表面猙獰，沙河表面平緩，其下卻暗藏殺機。縱貫道上的沙河，可以虎尾溪為代表。十八世紀初藍鼎元寫了一篇有名的文章〈紀虎尾溪〉，把虎尾溪拿來和黃河比較：

> 虎尾溪濁水沸騰，頗有黃河遺意，特大小不同耳。黃河多江泥翻波，其水赤；虎尾則粉沙漾流，水色如葭灰，中間螺紋旋繞，細膩明晰，甚可愛，大類澎湖文石然。

虎尾溪水流極濁，今天這條水流仍以「濁水溪」著稱。藍鼎元還描述了渡溪的險狀：

> 溪底皆浮沙，無實土，行者須疾趨，乃可過；稍駐足，則沙沒其腔，頃刻及腹，至胸以上，則數人拉之不能起，遂滅頂矣。溪水深二三尺，不通舟。夏秋潦漲，有竟月不能渡者。余以辛丑秋初，巡斗六門而北，將之半線，至溪岸，稍坐，令人馬皆少休。已而揚鞭疾，水半馬腹，車牛皆騰躍而過。亦奇景也！

虎尾、西螺、東螺等溪，向來以流沙無定，惡名昭彰全台。至今濁水溪畔仍然豎立著「小心流沙，禁止游泳」的警示牌。

這裡曾經是濁水溪故道，也是縱貫道上非常繁忙的渡船頭。昔日河道寬瀚，水勢浩瀚。二十世紀初政府在上游築堤斬斷水源，如今只當排水溝用了。要不是北斗鎮公所在此豎立一個石碑，恐怕連一旁的住戶都不相信這裡曾經人馬雜遝吧！

　　藍鼎元在一七二二年（辛丑）初秋渡過虎尾溪。據他所說，渡過這條水流的要訣是，絕對不可以停下腳步，必須快速通過，否則陷入流沙，就會慘遭滅頂之禍。藍鼎元是大將軍藍廷珍的參謀頭子，不僅寫得一手好文章，而且豪情磊落，沒有書生的文弱氣質。他參與平定朱一貴之亂的戰役，替藍廷珍謀劃軍機，並且親自執筆文檄詔告。這位瀟灑的先生，連渡過虎尾溪都要作怪。他率領親兵，夾帶輜重，從斗六出發，隨即來到虎尾溪畔。先讓人馬歇息，然後一鼓作氣，策馬強渡。可憐拉輜重車的牛隻以及推車的苦力，也得跟著「躍騰而過」。藍鼎元為此為文作紀，歎為「奇景」，自豪為生平一大快意！

　　藍鼎元的渡溪經驗，並非常態，麻煩的是他留下了文字紀錄。歷史學者最常犯的毛病，就是好不容易抱得幾張白紙黑字，便愛不釋手，非得加以誇大、以偏蓋全不可。藍鼎元的著作在二十世紀成為台灣史的重要史料，間接地渲染了「虎溪躍渡」的故事，大家反而忘了正常的渡溪方式是乘筏！前幾年，雲林縣政府在虎尾鎮舉辦文藝季，便以「虎溪躍渡」為名。殊不知藍鼎元經過的渡口在斗六市北郊，不在虎尾。而且今天流經虎尾鎮的那條虎尾溪，是十九世紀末才出現的新河道，和藍鼎元強渡的虎尾溪是兩碼子事兒！

　　和藍鼎元比起來，孫元衡的渡河經驗就平實多了。孫元衡擔任台灣府同知，一七〇五年因業務需要自府城北上，坐在轎子裡渡過虎尾溪，險些嚇壞了！他把

虎尾溪比做華北綏州的無定河，詩中感嘆自己年老氣衰。回想年輕時騎馬過無定河，尚且面不改色，如今被人扛著渡過虎尾溪，卻嚇得大腿發顫。因此有感而發，寫下「吼尾溪」一詩：

> 雕陰山下綏州道，擂紫騮衝無定河。水回沙走不敢立，停留頃刻身蹉跎。
>
> 行到天南渡吼尾，潗瀄不啻重經過。自斗六門繞柴社，派分貫串東西螺。
>
> 是時秋旱井泉涸，蕩濔盤盤旋為渦。方春一雨黿鼉舞，縱有班匠無輕艖。
>
> 當年上馬身手捷，銀鞍不動根連柯；今乘筍輿仗人力，諸蕃火伴來奔波。
>
> 蚪蟻囷象競擎捧，爬沙百腳工騰那。昔不動顏今股慄，織愁編臆紛乾梭。
>
> 平生作事耿奇氣，履險弗懼心靡他。毋乃勇怯隨年改，念此迸淚雙滂陀！

孫元衡和藍鼎元一樣，在秋旱水涸之季過河。事實上，一般公務巡察出差，官員都會選在秋冬季節，一方面農閒季節較不擾民，一方面河水淺弱，易於涉渡。官員出巡，當然發動沿途平埔番人抬轎、出公差，所以說「今乘筍輿仗人力，諸蕃火伴來奔波」。「筍輿」就是竹轎，為最輕便的交通工具。各番社的伙伴們齊來效力奔波，「蚪蟻囷象競擎捧，爬沙百腳工騰那」是最寫實的描述。從竹轎的窗子往外看，只見背上滿布魑魅魍魎刺青的番人，競相扶持轎子兩側的竹槓，在強大溪水的沖擊之下，群番百腳就像螞蟻搬東西一樣，在溪沙中慢慢地騰挪前進。

在傳統的用語中，「橋」和「堤」往往互通混用。著名的西湖「蘇堤」和「白堤」，就是包括橋和堤。光緒年間的大甲溪橋工程，在文告中也都只稱為「大甲堤工」。圖中這個「五福橋」建於中港溪出海口河灘上，其實只是一座長堤，讓縱貫道上的行旅行走其上，可以免除被潮水打濕衣裳的困擾。用今天的話來說，這只是「路堤」，和現代人想像中的「橋」有很大的差距。

　　藍鼎元和孫元衡兩人，都是官府的貴人，渡河的經驗和一般旅人不同。兩人所描述的，都是十八世紀初的情形。到了十八世紀中，縱貫道的路況已經改善許多，一般的行旅也增加不少。遇到這種「水回沙走」的溪流，如果沒有渡船的話，也會設立一些引導的標誌。十九世紀末洋人曾經報導如下：

　　　　隨處都有一些水道的砂床，在雨季成為真正的河道，而在旱季則是
　　一些可以徒步而過的淺淺的溪流。可以徒步走過的地方，都用一行插在
　　河床中的竹樁作為標誌。

　　這種插竹籤的方式，由來已久。像是以狹隘著稱的安平水道，也有這種設施。安平水道為了引導航路，在水道的兩側插上兩排竹竿，一側全部懸掛白旗，一側全部懸掛黑旗。兩排竹竿間的寬度，只能容許一艘船隻通過。船隻如果駛出竹竿之外，馬上就會擱淺失事。在縱貫道上，遇到必須徒涉的場所，也會插上一排竹竿。行人循著竹竿前進，才不至於誤觸流沙或漩渦，其中最有名的又是虎尾溪。十八世紀初的文獻記載著：

　　　　臺地南北大溪數十，寬廣無梁；經冬淺涸可徒涉，夏秋水泛，洶湧
　　湍激。土目、通事有事經涉，乘竹筏，令番浮水繞筏扳援而行。更有虎
　　尾溪，其沙陷人足，人誤踐之則溺，必令番試探，插標以示行人。

　　像虎尾溪這樣的大河，在枯水期的時候，由於水位太淺，竹筏無法航行，一樣只能靠徒步涉水。有了番人「掛保證」的竹竿指引，行旅的安全才更有保障。等到春末夏初的第一場大水來襲，竹竿全被沖走開始，接下來半年就必須靠竹筏擺渡才能過河了。

以竹竿指示水道，是清代常用的辦法。這張圖繪有安平港著名的「導航設施」，竹竿上還懸掛黑白兩色旗幟。一邊黑旗、一邊白旗，只有中間狹窄的通路才是安全的。至於在縱貫道上指引渡河的設施，不過是一排竹竿，標示出安全的徒涉路徑。

縱貫道為河流命名

從台灣頭走到台灣尾，幾乎每條河流的名稱都和縱貫道脫不了關係。
才不過短短一百年，人們已經不知道自己掛在嘴邊常講的河名，
究竟是怎麼來的了！

　　清代人對於道路，沒有很具體的「一條」、「一條」的觀念，對河流也是一樣。今天我們把河川從上游發源地到下游出海口都視為同一「條」河川，這種觀念在清代並不明確。現代被當作同一條河流的，在清代可能被當作好幾段，甚至十幾段水道來認識，每一段都有自己的名稱。以曾文溪為例，在上游玉井、左鎮一帶最常見的名稱叫「大武壠溪」，出了山上、善化則通稱「灣裡溪」，到了下游出海口又有許多以「港」為名的稱呼。

　　清代沒有「河川行政」的觀念，官府並未出面統一河流或水道的名稱，因此民間便各行其是地自己稱呼。依照漢人的習慣，只要把河流旁邊的村莊名稱冠上去，就可以指稱某段河道了。一條河流流經數十村莊，可能就會出現數十種名稱，每個名稱只能代表河流的一小段。不過，每條河川通常會有一個最常用的名稱，這個名稱當然也是因地命名，巧妙的是這個地名幾乎就是縱貫道上的渡口名稱。

　　這種情形當然不是巧合！河流對在地人當然有重要的意義，她既是水源，也是禍源。因此，在地每個村莊的居民，對鄰近的水道有自行其是的命名，彼此不相干也不統一。但對於外地人來說，河流的意義主要是過渡，因此他們只會在縱貫道的渡口見到此溪，因此也只認得以渡口所在地命名的稱呼。久而久之，每一小段水道雖然繼續沿用各自的稱呼，但非要指稱這「整條」溪流的時候，就只能用縱貫道渡口的名稱，以部分代表全體了。

　　縱貫道上渡涉口的選擇，自成一套邏輯。要安全過河，當然得找水道固定，

水流平緩，以及河床易行的地點。這個地點旁邊原本未必有村落，但是既然縱貫道打此經過，往來商旅頻繁，便自然促成街市的興起。這些街市的名稱，通常就叫「某某溪」。請注意：這既是街市名，也是河名。

　　從北到南，我們可以逐一檢證。北部淡水河流域廣大，她的上源有基隆河、大漢溪和新店溪三條，縱貫道只在新莊和萬華之間渡過大漢溪。台灣南北各處渡口，絕大多數使用竹筏。大漢溪上的這個渡口比較特別，以北部平埔族常用的「艋舺」小船往來兩岸，因此人稱「艋舺渡頭」。在渡口東岸發展出來的商街，便自然而然稱為「艋舺渡頭街」，後來乾脆只稱「艋舺」。而艋舺渡頭上的溪流也被稱為「艋舺溪」了。「艋舺」在十八世紀中以後逐漸崛起，最後成為台北的首邑，直到一九二〇年才改名為「萬華」。

　　循縱貫道南下，下一個大渡口在新竹城北郊。依照現代河川行政的區劃，這裡有相鄰的「兩」條河流，北邊是次要河川「鳳山溪」，南邊是主要河川「頭前溪」。事實上，在二十世紀以前，這裡的水道成網狀交織，雖然也一直有兩道主流，但彼此間的水道是互通的。這兩道主流，北條為「鳳山崎溪」，南條為「金門厝溪」，兩者都以縱貫道的渡口所在地命名。鳳山崎是縱貫道上著名的關口，早在十七世紀就出現了。至於金門厝則是因為縱貫道在此過渡，因此發展成商街。十九世紀中金門厝遭遇多次水患，加上縱貫道改道，金門厝渡慘遭棄置。二十世

艋舺渡頭，眼前一片汪洋，遠方面天、大屯、竹仔、七星連峰清晰可見。這樣子的畫面，清代縱貫道上的旅人都會看到；如今淡水河兩岸盡是高聳的堤防，摩天大樓高插入雲，此情此景已成追憶！

「冥漠諸君」就是渡河而死的冤魂。這是新竹市北方舊社的一間有應公廟，專門收埋渡河溺死的旅人。該廟就建在縱貫道頭前溪渡口南端，廟前大樹下兼作旅客候筏歇腳之處。

紀初台灣總督府展開治水工程，用堤防隔斷交錯的水道，從此南水不通北水。北邊的河流依舊保持鳳山舊名，南邊那條則陰錯陽差選擇「頭前」之名。事實上，清代「頭前溪」之名範圍很小，知名度也很低。如果縱貫道不改線，那麼「金門厝溪」的名稱可能就會沿用到今天了。

新竹以南，縱貫道行走海岸，因此都在接近出海口的下游與中港溪、後壠溪、通霄溪、房裡溪、大甲溪交會。這些地方有個共同的特色：溪名、村落名、地名、渡口名都一樣，全都是平埔族番社的名稱。而且，這些溪流的別名很少，因為漢人只在最下游見到她們，稍微上溯便是番界禁區了。

縱貫道來到大肚溪口，即將進入平原路段。大肚溪渡口眾多，但都在上下游一、二公里的範圍之內。這裡向來是南來北往的瓶頸，二十世紀蓋鐵路時，山、海線的交會點便選在此處。今天國道一號與三號，也在這裡交會。三百多年來，這裡始終是縱貫道的樞紐，為兵家必爭之地。一七三　年的大甲西社之亂，最慘烈的戰役在大肚渡頭上演。此後林爽文之亂、戴潮春之亂、日本征台之役，這裡都爆發激烈的會戰。大肚溪渡頭以平埔族「大肚社」聞名，但有時也被稱為「大渡頭溪」，因為這是縱貫道的大渡頭所在！

大肚以南，便進入濁水溪流域。這條台灣最大的河流，向來以放肆著名。今天我們看到的濁水溪，是二十世紀遭治水工程一再「修理」後的結果。在清代，這條水流出山之後，像手指一般散開，北起鹿港，南至北港，都逃離不了她的魔掌。主流時南時北，年年改徙。沿岸曾被沖毀的農田、村落，無以數計。縱貫道

選擇在出山口附近，河道擺動尚不劇烈之處渡溪，但渡口仍得追逐水龍而隨時遷移。這條水流名稱有西螺溪、東螺溪、濁水溪等名稱，但以「虎尾溪」最為著名。縱貫道大渡口岸邊的村莊，就叫做「虎尾溪」，至今仍然屹立在斗六市街北郊，名字仍未改變，只是早被遺忘。

　　虎尾以南，嘉南平原上有二重溪、石龜溪、三疊溪、牛稠溪、八掌溪、急水溪等溪流。沒有例外，縱貫道渡口旁邊，就有那麼一個叫做「某某溪」的村莊。這些溪流今天仍舊以縱貫道的渡口命名，其他千百種名稱早就被人們遺忘了！

　　下一條有名的大河曾文溪，似乎就沒聽過有這麼一個「曾文溪庄」了吧！其實不然。曾文溪庄不僅存在，而商賈雲集，控扼嘉義和府城之間最大的渡口。二十世紀初台灣總督府建立郵政時，曾文郵局和新營郵局、台南郵局的位階還是一樣高的呢！換句話說，在鐵路完工以前，新營以南、台南以北的交通線，溪北在渡口北岸匯聚，溪南在渡口南岸匯聚，皆以曾文溪庄為主要集散。曾文溪便是因這個街市而得名，但她卻在一九一〇年代將村莊吞噬，連一間房子都不剩，今天只剩下一片蔗田。

曾經熱鬧一時的「石龜溪」街，如今早已沒落，連石龜火車站四周都只有稻田，沒有商街。

你一定不相信，不過一百年前，這條臭水溝曾經是嘉南第一大河曾文溪的故道。如今曾文村莊完全消失在地表上，曾文溪主流也改道他移。這裡只剩下一座又狹又短的「曾文橋」。

過了曾文渡，穿過府城便來到二層行溪。不消說，這又是一條以縱貫道渡口命名的溪流。渡口所在的二層行村，至今仍緊鄰縱貫公路「二仁溪橋」的橋頭。最後，縱貫道還得穿越台灣第二大河高屏溪。

清代當然沒有「高屏溪」這個名稱，因為高（雄）、屏（東）這兩個名字都是一九二〇年才發明的。清代這條溪稱為「淡水溪」，為了與台北的淡水區隔，通常以「下淡水」之名行世。早在清代就有很多人誤以為南部的「淡水」之所以為「下」，是因為和北部的「上淡水」相對之故。其實，這就和今天有人搞不清楚台北的南港怎麼會在北部，而雲林的北港怎麼會在南部一樣，純屬誤會。事實上，下淡水是因「下淡水社」得名，而且下淡水社上游不遠另有一個「上淡水社」，社旁同一條溪流卻稱為「上淡水」。

高屏溪流域廣大，經過村莊眾多。「下淡水」名稱之所以獨領風騷，是因為縱貫道在此過渡。由於下淡水社旁有一座「赤山」（今名「鯉魚山」），至今仍有瓦

斯和泥漿噴發,是一座「泥火山」。縱貫道上的行旅來到大河西岸,準備過河而東,眼見一片煙波浩瀚,唯一的地標只有這座泥火山。在這裡過溪有目標可循,不致於在寬達數里,路跡難辨的河床上迷失方向。更何況,大溪受到地形的約束,不能過分擺動,於是這裡成為上上下下河道最窄的地方。

從台灣頭走到台灣尾,幾乎每條河流的名稱都和縱貫道脫不了關係。才不過短短一百年,人們已經不知道自己掛在嘴邊常講的河名,究竟是怎麼來的了!

赤山是一座「泥火山」。平常就會噴出泥漿和瓦斯,偶爾還會冒出烈焰。

縱貫道無用馬之地

縱貫道上的長途旅行，只能靠人的雙腿，一步一腳印。

俗話說「南船北馬」，這句話在台灣是完全不受用的，因為台灣既不用船，也不走馬。

十六世紀末的旅行家郁永河，曾經在他的遊記中記載了這段見聞：

（台灣）地不產馬，內地馬又艱於渡海，雖設兵萬人，營馬不滿千匹；文武各官乘肩輿，自正印以下，出入皆騎黃犢。市中挽運百物，民間男婦遠適者，皆用犢車。故比戶多畜牛；又多蔗梢，牛嗜食之，不費芻菽。

馬本來就不是台灣土產的動物。不要說台灣，即使在中國的華南地方，氣候本來就不適宜馬匹生長。由於馬是最重要的交通動力，更是軍隊戰力的來源，因此全中國的陸軍都要配備馬匹。十七世紀末，清帝國在台灣創建軍隊時，也依照規定豢養馬匹。因為台灣不產馬，非得仰賴「進口」。因此所有的馬匹都得從福建飄洋過海，才能抵達台灣。

馬天生就是一種嬌貴而敏感的動物，很容易受到驚嚇。台灣海峽上的風濤，對這些馬兒來說，真是一大考驗。難怪郁永河說內地的馬「艱於渡海」。經歷千辛萬苦來到台灣，馬兒還要面臨水土不服的考驗。許多馬匹都因此而「倒斃」。所謂的「倒」，就是「腳軟」。馬匹因為身體虛弱，連站都站不住，遑論馳騁！「斃」則是死亡，一了百了。十七世紀末郁永河來到台灣的時候，看到編制一萬人的軍隊中，馬匹還不滿一千。這些倖存的馬匹，其實也都身體虛弱，不能指望牠們有什麼戰力可言。

馬不能勝任的工作，水牛卻能做到！牠們可以拖曳笨重的車輛，唯一的弱點是不耐熱，常常得浸在水裡消暑。因此，嘉南平原的運貨牛車，常常等到日落後才上路，以免水牛在烈日下不支倒地。

志得意滿的乾隆皇帝，為了慶祝林爽文之亂平定，特別雕鑄一系列的銅版畫。這張描寫「光復嘉義城池」的畫面，可以看到雄壯的八騎兵馬，踏過幾乎沒有馬匹的台灣土地。

　　軍隊礙於規定，非得豢養馬匹。即使如此，這些馬匹也都龜縮在台灣府的營區內，很少有機會離開府城。一般的官員也不騎馬，而是以牛來代步。十八世紀初朱一貴造反，自稱為天子，出入騎牛代步，一時傳為笑柄。這種笑話其實沒什麼好笑的。以傳統漢人的觀點，騎在牛背上出出入入，看起來的確像個土包子。不過，朱一貴騎牛，只是反映出台灣本地的特殊風土，並不能證明朱一貴是個大老土。「真命天子騎牛」被當作笑譚，正好反映出內地人對台灣風土的隔閡。

　　縱貫道的交通狀況，隨著台灣的日益開發，並未有多大的改善。直到十八世

紀末，陸地上仍然難以行駛馬匹。

十八世紀末，台灣爆發了有史以來最嚴重的亂事——林爽文之亂。官兵和土匪對峙了一年之後，乾隆皇帝指派福康安率領八旗精銳來台，終於打破僵局，剿平叛亂。福康安帶來的八旗騎兵，以秋風掃落葉之勢，所向披靡。面對高頭大馬的騎兵，林爽文的徒眾可以說是看傻了眼。他們從來沒見過專業的騎兵，甚至連這麼驍勇強壯的馬匹都沒見過！

立下大功的八旗騎兵，不是永遠無敵的。事實上，連福康安自己都向皇帝承認：若非巧逢冬令時節，否則騎兵也是無用武之地。這位南征北討，足跡踏遍台灣的將軍，心裡非常明白。若不是冬天正逢乾季，馬匹可以強渡幾乎乾涸的溪流，否則騎兵再強悍也沒用。此外，冬天稻子已經收成，圳溝和田裡的水都放掉了，田土乾硬，可以供馬匹馳騁。福康安向皇帝報告說：台灣的道路極為狹窄，馬匹無法通行，因此他行軍的時候都是直接踏過稻田的！

林爽文之亂平定後，福康安建議中央，在台灣增設馬兵。當然，前提是必須先把陸路要道「開闢」出來，以後每年歲末農閒時，還要發動民工修理保養。馬兵後來果然增設，但道路卻沒有開闢，因此編制的三百匹馬只能關在台灣府、嘉義、鳳山等大城的營區內，病奄奄地等死。少數幾匹強壯的，也只是充作大官的坐騎，或者在儀典中出來充充場面，「以壯觀瞻」而已。一八三三年閩浙總督程祖洛又針對馬兵提出批評：

> 查臺灣陸路各營，額設馬兵三百名，配馬三百匹。按年例准買補馬七十五匹，差員赴口購買，長途跋涉配船渡臺，已不免於水土失調；及至歸營，又無料豆可餵，飼以粳米稻草。加之地土炎熱潮濕，實在可以騎操者甚屬寥寥。

不僅是馬匹難以適應風土，最重要的關鍵還是交通問題。程祖洛接著指出：

> 臺地道路窄狹，山皆嶮巇，即平地亦無坦途，本非可以馳騁之區。加以處處溪流重疊，或架以竹橋，或用小船渡載，縱有良馬，亦難展其驥足。帑項徒糜，實用無濟。

外地人對於台灣島上交通的惡劣狀況，若非親身經歷，真的是很難瞭解的。到了十九世紀中葉，台灣島還是沒有人以馬匹當交通工具。而且不只是馬，連適應力比馬匹強的騾子和驢子，都無法勝任。當時住在淡水的馬偕，就曾經在著作

中提到：每當他向加拿大的鄉親講述在台灣各地的旅行經驗時，大家都會問他為什麼不用驢？這種疑問是很合理的，因為驢、騾對地形的適應能力較強，而且不像馬那麼難養。不過，馬偕並不是沒有試用過驢子，但仍有許多困難無法克服。首先，旅店裡沒有馬廄，也沒有任何照顧牲口的設備；更何況有時得露宿餐風，或者屈就於無人的苦力寮中過夜，不管是驢還是馬都會受不了的。其次，一趟旅行除了驢馬之外，還是得另外僱苦力挑行李，以致於驢馬還得遷就苦力的腳力，無法達到節省時間的目的。

藉助驢馬旅行最大的困難，是發生在渡河的關頭。由於驢馬都是容易受到驚嚇的動物，因此很難「說服」牠們涉溪，或者乖乖地待在竹筏上。要是遇到比較湍急的溪水，驢馬一定當場抓狂。除了需要過渡的大河之外，縱貫道上的小溪、圳溝往往架設橋梁。這些橋梁過於簡陋，常常只是用竹木搭建而成，走起來「搖曳生風」，也不是驢馬消受得起的。更何況最常見的竹橋，橋面並沒有加鋪木板，只是用「草泥」覆在竹筋上，人走起來還沒有問題，但驢馬的蹄一踏下去，肯定穿透。到時候陷在橋面上，難道要請「拖吊業者」來救援不成？

驢、馬、騾，甚至駱駝，這些中國常見的交通工具，在台灣都見不到。在台灣，用來運輸的牲畜只有牛。不過，原則上牛只能拖曳車輛，很少當坐騎來乘。

竹筏表面都是縫隙，乘坐渡船的旅客很難不弄濕雙腳。想想看，要是利用竹筏載馬過河，馬蹄一定會陷入竹子與竹子之間的縫隙中，無法自拔。

縱貫道上的某些路段，雖然也有牛車通行，但這些牛車都只是在地短途的交通工具，並非「任重道遠」的長途旅行。縱貫道上的長途旅行，只能靠人的雙腿，一步一腳印。

不敢過橋的驢

這隻驢子是已退職的一海關事務官贈給我的，我們叫牠做「驢仔」，學生們曾在淡水常加利用。有一天我們向五哩外的一禮拜堂出發，驢子被牽到門口，等我來騎。我騎了牠，走在前面，學生們跟在後面，都看著外國傳道士騎驢而叫好。當我們走到一個橫掛於十二呎或十五呎深的谿谷上的小橋上之前，一切都很順利，但由於橋寬不及二呎，驢仔已突然止步，前腳似乎

這種有堆高的路基，有架設橋梁，甚至還有旅人騎驢而過的畫面，根本不是縱貫道應該出現的場景。事實上，這段道路位於台灣府城北門外不遠，是好幾任官員努力修建的結果，堪稱清代縱貫道最大工程之一。主事者志得意滿之餘，為了要表揚自己的德政，特別請畫師繪圖，甚至將這些圖呈報上級，「共慶四海昇平」一番。這一段道路維持沒多久，很快就被洪水沖走了。不過，石碑至今還屹立在永康市鹽水溪邊，彩圖至今保存在國家圖書館中，後人就會永遠記得大老爺「親民愛民」的初衷。至於那蹩腳的工程，其實不是很重要，反正幾百年來旅人一直跋涉泥淖，而且本來就不騎驢子。

生根於地上，兩耳聳向後面，死也不肯動。我們幾次騙牠或催牠走，始終未能成功，而後我又下來拖牠，學生們則在後面用力推，有一個學生索性猛拉牠那已脫毛的尾巴，但都無效，驢仔仍然不為所動，大家都紛紛吵起來。我又想叫牠走，乃緊握羈勒，開始用全力拖牠，但牠不但不動，且用腳踢人，站在後邊的學生們被趕走，但我仍在前面拼命拖。這時驢子長鳴一聲，這種怪聲連學生都未聽過，似乎非常乖戾。雖然牠如此令人傷透腦筋，但當有一學生突叫「搗米，搗米！」時，驢子即開始奔跑。學生們都捧腹大笑，雖然驢子已聽話了，但我們認為驢子雖然小得幾乎可以帶牠走，卻因無法使牠走動而浪費了一個半小時，實在划不來。從此以後，我就不敢再試用牠。

（馬偕，《台灣遙寄》）

一步一腳印

步行與乘轎

台灣島路況惡劣的程度，在中國內地沒有名氣。
但只要是走過大江南北的人，來到台灣親身經歷，莫不驚歎！

　　縱貫道上不用馬匹，只能靠人自己走路。馬走路一步兩個腳印，人走路一步只有一個腳印。當然，有錢人大可坐轎子，不必自己走，但這不過是用別人的腳代替自己的腳罷了。

　　富人家裡自備轎子，出門由家丁扛抬，或者臨時外僱轎夫。這種自備的轎子，好比現代的私家轎車。另外，官府也有公用的轎子，類似現代的公務轎車。至於一般老百姓上路，則只能乘坐「營業用」的轎子。這種營業用的轎子通常最為簡陋，由兩位轎夫扛抬，轎子好比現代的計程車，轎夫便是司機。和計程車相似，這頂轎子可能是轎夫自己所有，也可能是向「車行」租來的。

18　An Old Castle-Gate and a sedan clair Formosa.（臺灣情調）　舊城門と轎
少し大きな町は匪賊を防ぐ為めに城壁を以て圍まれ數個の城門に
よつて外部との交通をして居ました、轎は今御用ゐられて居も交通
機關の一つで纏足をした婦人の道路にはなくてはならぬものでした

進入二十世紀後，城門與轎子逐漸成為舊時代的象徵，是風景明信片上常見的主題。

有錢人乘轎出門，浩浩蕩蕩，而窮苦人只有步行了。

　　十六世紀末郁永河來台灣，乘牛車走縱貫道，從台南一路北上台北，並未乘轎。其實，這是非常特殊的例子，原因是當時平埔番人還出這種勞役。十八世紀中以後，縱貫道上便以步行或乘轎為主流，坐長途牛車的情形幾乎絕跡。十九世紀末來到台灣的日本人佐倉孫三，在他眼中轎子是一種「奇風異俗」，描寫如下：

　　　　台島道路狹且險，往往不通車馬，是以貴人大抵乘肩轎。形如我
　　肩輿，廣二、三尺許，兩面開窗，藤榻承腰，二箇擔竹，兩肩接之。行
　　趨之間，柔軟上下，左顧右視，意氣生風。路稍平坦，轎丁微吟，均動
　　手，樂而行。

　　佐倉先生描寫的轎子，是最常見的「輕便型」，由兩人扛抬。轎亭兩側的槓子，不像中國內地使用木頭，而是取用台灣常見的竹子。竹子的柔韌配合轎夫腳步的起伏，使得乘轎成為一種享受。所謂「行趨之間，柔軟上下」，真是非常生動的描寫！

　　對於台灣島的居民來說，坐轎子是基本的地位與財富象徵。不過對於外國來的馬偕來說，坐轎子旅行卻是一種殺風景的事兒。他曾經在著作中提到：「轎子有時為必要的交通工具，但這對於愛好風景和新鮮空氣的外國人，常因被封閉於箱中而大感殺風景。」

　　轎夫並非純然苦力，他們還是有一些「專業技能」的。特別是在中部的大安溪、大甲溪一帶，轎夫必須具備「察雲觀色」的功夫，才能評估是否能安全渡溪。大安溪寬十七里，大甲溪則有八里，兩者加起來要走半日。在二十世紀以前，這

有彈性的竹槓架在苦力肩上，隨著步伐上下，還兼有「避震器」的功效。

兩條河流在下游的地方，像樹枝一樣散出數十道水流，分頭出海。從天空上往下俯瞰，就好像一把摺扇的扇骨般。這個扇子所涵蓋的三角形區域內，都是滿布大小卵石的河床。南北向的縱貫道經過這裡，不可避免地要穿過數十道水流。

在卵石上走路已不容易，肩上擔個轎子就更難了。走在漫無邊際的河床上，看不到水流，只聽到澎湃的聲音。穿過好一段卵石路，才終於看到水流。過了一道水流後，後方的水聲漸行漸遠，前方的澎湃聲卻越來越近。如此反覆，必須通過十數道水流，才算過了「一條」大安溪。「一條」大安溪寬達十七里，要走二、三個小時。剛進入這條溪的範圍時，也許還是大太陽，但說不定走到半途便遭遇狂風暴雨；屆時進退兩難，只能坐困石灘。因此，轎夫必先觀察雲氣和天色，如果山邊有烏雲罩頂，即使頭頂陽光普照，也不敢貿然前行。十九世紀末史久龍旅行經過此處，便盛讚轎夫的腳力，以及觀察天色的功力：

> 予過溪時，在輿中頗慄慄危懼，而輿夫行若無事，此在他省輿夫，
> 除川中外，恐無此足力也。惟行此二溪，必須輿夫肯行，方可前進，蓋
> 彼等往來既多，善觀雲氣，若見前山黑雲上蒸，則斷不啟行。

俗話說「蜀道之難，難於上青天」，四川路況的惡劣，人盡皆知。路況越是惡劣，轎夫的身段就越高。台灣島路況惡劣的程度，在中國內地沒有名氣。但只要是走過大江南北的人，來到台灣親身經歷，莫不驚歎！在二十世紀的一百年之間，台灣島上已經經歷太多太多「驚天動地」的交通工程。今天台灣島上便利的交通，似乎也讓人們忘記山川的險惡，忘記曾經付出的昂貴代價了。

昂貴的交通費

清代在縱貫道上旅行的花費，比起今天的越洋飛機票，
其昂貴程度有過之而無不及！

　　出門在外，幹什麼都得花錢。在縱貫道上旅行，究竟得準備多少盤纏呢？除了吃、住之外，主要的花費在僱用苦力。且讓我們盤算盤算，從台灣頭走到台灣尾，究竟要付出多大的「代價」！

　　縱貫道上的旅行方式有很多種，僱用的人工多寡也不一樣。一窮二白的旅客，不坐轎子，行李鋪蓋由自己背負，就不必另外花錢請苦力。如果是行李較多的，或者腳力太差，自己無力背負行李者，就要另外請挑夫了。一個挑夫能夠擔負的重量稱為「一擔」或「一挑」。理論上一擔即是一百斤。不過，隨著貨物的性質，路況的好壞，一般只折算七、八十斤不等。旅客依據行李的多寡，可能要僱

最左和最右兩人是筏夫。左邊數來第二和第五個是轎夫。手搭在轎頂的是坐轎子的乘客，帶一把雨傘的則是單身徒步的旅客。他們都沒有帶行李，否則又要花錢加派人手了。

用一到二位挑夫。更奢侈的人，不但自己不背行李，甚至連走路都懶，這就必須僱用轎子了。轎子和今天的汽車一樣，有「重型」、「輕型」之分。一般的轎子大約要四名轎夫扛抬，輕便的也要兩名。一個有錢人出門，大概就要請六位苦力──其中抬轎的四名、挑行李的兩名。

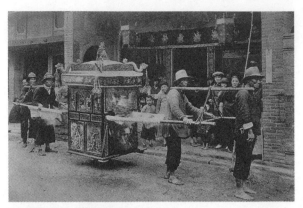
「豪華型」轎子，需要僱四人扛抬。

請苦力當然要花錢了。一般來說，各地工資差異頗大。從現代台灣的外勞問題來看，其實不難想像勞動市場的特性。「勞力」和實體物資不同，不是簡單的「市場機制」可以解釋的。如果我們今天到工地訪問一位監工，他一定有滿腹的心得，可以告訴你泰勞、菲勞有什

「經濟型」轎子，只需兩名苦力。

麼差別，管理上有什麼不同。即使是台灣本土的勞工，平地人和山地人也都各有利弊。清代比現代更複雜，各地勞工素質的差異性更大、更難掌控！

先從最單純的「市場機制」說起吧！在清代的時候，台灣本地的人口以務農為主。整個社會的結構和職業的分工，都尚未發展成熟。因此，建立在初級產業（農林漁牧）之上的商業和服務業，也都不會太發達。可想而知：專以出賣勞力維生的人不多，更不用說是技術性的勞工了。勞工少，工資一定高，而且價錢不穩定。更有甚者：由於許多工人都是農夫在農閒時臨時充當的，因此工資還會受到農時的影響，呈現季節性的波動。

雖然各地的工資不一，但平均而言，非技術性勞工每日的工資約一角。技術

這是苦力的典型打扮，辮子盤在頭頂，上面戴著斗笠，著汗衫，及膝短褲，苦力通常全身黝黑，以清瘦者居多。

性勞工則有二角、三角的價錢。在整個勞力市場中，從事運輸業的勞工價錢最高。請一個苦力或轎夫，每天需花費四角至七角之多。為什麼運輸業的價錢這麼高呢？這和運輸業的特性有很大的關係。

首先，不論挑夫或轎夫，都是「重勞力」的苦力，不是一般小工雜役可以比擬的。苦力不管是挑擔還是扛轎，一天都得走上五十里路，還要忍受櫛風沐雨之苦，若是沒有較高的工資，是不會有人願意吃苦的。其次，聘請苦力的工資，並不完全由苦力獨得，一部分是給「仲介者」的。想想看：如果挑夫挑到半路，裹著行李和貨物跑掉，那旅客不就損失慘重？遇到更糟糕的苦力，來個半路劫財，把旅客拋棄在荒山野嶺，任由豺狼虎豹吞噬，到時候連性命都保不住了。因此，旅客絕對不會在路邊僱用來路不明的苦力，而是必須透過「散夫店」、「自爨店」等行號，才有保障。因此，挑夫和轎夫這種苦力，很少有「個體戶」，而是像現代的計程車司機一樣，必須「靠行」，才能接到生意。因此，苦力不能獨得所有的工資，而是必須讓行號「抽頭」！

換個角度來看，苦力也有難處。第一：生意不是天天都有。我們只要想像現代的計程車，就知道苦力經營上的困難了。生意上門的時候，賺錢賺到手軟腳也軟（數錢手軟，走太多路腳軟）；青黃不接的時候，往往十天半個月都沒事作，坐吃山空。其次，每次上路，近者一站（一日路程），遠則三、四站不等。一位台北城的苦力，受僱扛轎到新竹城，要走兩天路。抵達新竹，和主顧結清工錢後，這位台北來的苦力根本不可能攬到回程的生意，因為生意是被當地的行號壟斷的。他必須花兩天的時間自己走回台北，途中吃住都得自費。因此，若非高額工資，苦力是不可能存活的。第三，苦力的生意受天氣影響很大。遇到陰雨連綿的季節，道上的旅客稀少，苦力的生意自然不好。雖然雨天工資會漲個兩、三

成，但付出的勞力卻會倍增。更倒楣的是半路遇到溪水暴漲，動輒浪費兩三天等候，收入又會減少。因此，就日薪來看，苦力是一般勞工的三、四倍，但整個月合算下來，月收入並不會多太多。

好了。現在我們可以計算縱貫道上的交通費了。不必算吃、住、渡河，光是聘僱苦力，每工平均就要五角。台北到台南一趟走九天，窮旅客只請一位挑夫，總共要花四‧五元。有錢的紳士行李行頭多，又要坐轎子，得僱六位苦力，總共花二十七元。二十七元大約可以買一三五斗米，拿來發薪水，可以讓一位縣長領五個月！清代在縱貫道上旅行的花費，比起今天的越洋飛機票，其昂貴程度有過之而無不及！

清末北台灣各種勞力價目表

挑　夫	○‧五元／日	
木　匠	○‧二元／日	師傅（亦即「大工」）才有這個價錢。
石　匠	○‧二元／日	砌石、雕刻師傅。
木雕匠	○‧三元／日	技術純熟，能夠鏤雕、蕩磨者才有這個價錢。
剪黏匠	○‧三元／日	算是一種土匠，能夠製作「剪黏」者。所謂的「剪黏」，就是用泥水做胚胎，然後在外表用陶瓷碎片拼湊成山水、人物、花鳥等泥塑。常用於廟宇屋頂的裝飾。
通草工	○‧二元／日	這是苑裡一帶的特產，將通草削成如紙般的薄片，每斤工錢一角。熟練的工人每日可以作二斤。
小　工	○‧一元／日	尋常傭工，幫忙打雜，或者充當「大工」的助手，俗稱為「小工」。
臨時工	議價	游手之徒，無固定職業，俗稱「羅漢腳」。羅漢腳偶爾也會幫傭，但因沒有專長、沒有信用，多半只是臨時雜役，工資也沒有固定，隨時議價。
雜　腳	議價	

尖站與宿站

在清代，即使沿著交通最頻繁的縱貫道旅行，也需要花費一定的日程，
途中有固定的尖站和宿站，不是隨處都能住宿。

現代台灣島內的旅行，可以從任何一個地點，在一天中的任一時刻出發，
選擇任一地點吃飯休息，而且幾乎每個鄉鎮都有旅舍可以住宿。所憑藉的交通工
具，可以是火車、公路客運，或者自己開車。所採取的路線，可以隨心所欲，縣
道級以上的公路大多有客運班車行駛，如果自備交通工具，那麼任何一個窮鄉僻
壤都可以輕易到達。最誇張的是遇到連續假期，高速公路上的駕駛人一邊開車，
一邊聆聽警廣的最新路況。一見苗頭不對，立刻下交流道轉進省道或縣道。先越
過高速公路上嚴重堵車的路段，然後再伺機鑽回高速公路。隨著國道、快速道路
陸續通車，南來北往的變化更是層出不窮，大家各憑本事，完成自己的旅途。光
是西部縱貫道上的旅程，就可以有幾十種不同的組合。

清代的台灣就沒有這麼多花樣了。即使是沿著交通最頻繁的縱貫道旅行，也
需要花費一定的日程，途中有固定的尖站和宿站，不是隨處都能住宿。因為步行
有一定的時程，因此發展出固定的打尖（吃飯、休息）和住宿的地點，稱為「尖站」
和「宿站」。行人必須完全服從既定的節奏，想要「偷吃步」的人多半弄巧成拙。

南路縱貫道路程較短，全程可在三、四天內走完。從府城出發，八十里便能
抵達鳳山縣治，從官方的紀錄或者外國人的旅行紀錄來看，這段路程都是以二個
全日來完成。從府城出發後，第一日中午在大湖（今高雄湖內）打尖，夜晚在阿
公店（今高雄岡山）過夜。次日晨起，中午到楠仔坑（今高雄楠梓）打尖，傍晚抵
達鳳山過夜。以「日行五十里」的標準換算，八十里路只需一日半。因此，民間
趕路的走法，是以大湖和橋仔頭二站將整個區間切割成三段，一站需行半日，共

計一日半便可走完全程。

　　鳳山以南至南路終點枋寮，路程約為六十里，這種一日嫌趕二日太緩的距離，確實難以拿捏。由於枋寮以南即將進入生番地界，而且行百里不見人煙，非得在枋寮住宿和補給不可。鳳山至枋寮的路途，以較緊湊的一日旅程而行，就以東港作尖站；如果排較輕鬆的二日旅程，則東港就成為宿站了。以總兵官巡閱的行程為例，是採取一日走完的排法。光緒年間胡傳從鳳山前往恆春，第一日便在東港住宿，第二日走到枋寮。依照這種走法抵達枋寮後為時尚早，胡傳認為可以繼續趕路，但因為輿夫和挑夫反對，也只好住宿枋寮。其實枋寮以南短距離內沒有尖、宿站，要再繼續趕路也是不可能的。

「暗街夜市」曾經名列「茅港尾」八景之一。這裡是縱貫道上重要的宿站，也是繁忙的水陸聯運碼頭，有「小揚州」之稱。客商旅行在此過夜，當然也造就「特種服務業」的興起。

　　北路縱貫道路程極長，必須花費十天。首先，從府城至嘉義一百里路，需要花費二日，中途要在茅港尾過夜。茅港尾南距府城四十里，北距嘉義六十里，並非正當中途。由於茅港尾早在康熙年間就已經建蓋有公館，因此具有公務身分的官員或軍人，都是中午先在木柵打尖，傍晚抵達茅港尾過夜。至於民間的走法則不一定，也有人走到鐵線橋才過夜的。鐵線橋距離府城和嘉義距離相等，而且又是前往濱海地區的岔路口，因此也是合適的宿站。不管投宿於茅港尾或鐵線橋，第二天中午都是在下茄苳（今台南後壁）打尖，傍晚抵達嘉義縣城。

　　從嘉義縣城出發，要到下一個縣城彰化，距離也是一百里，相當於二日路程，同樣也必須在半途找一個地方過夜。這處宿站的位址，在清代初期是斗六或西螺，視濁水溪的水勢情況而定。到了清末的時候，過溪的一段縱貫道逐漸拉直，演變成正南北向的捷徑，因此宿站便遷移到介於斗六和西螺中間的「莿桐腳」，也就是今天雲林縣莿桐鄉。至於這段路途上的尖站，第一天的午餐在大埔林（今嘉義大林）打尖，第二天則在「關帝廟」。在文獻中，這天中午打尖地點稱為「關帝亭」、「關帝廳」、「挖仔庄」或「挖仔街」，其實都是指同一個地點，也就是今天彰化縣永靖鄉。

　　在彰化住宿一夜後，第二天的行程比較輕鬆，中午在沙轆（今台中沙鹿）休息，日暮前便能輕鬆抵達大甲，總計四十五里。但即使天色尚早，想要繼續趕路，到北邊不遠的苑裡過夜，卻是不可能的。原因是出了大甲鎮外，便是大安溪了。大安溪水勢湍急，石路難行。因此旅人都是在大甲過夜，充分休息之後，第二天一早再出發渡河。

　　從大甲溪彰、淡交界起算，至淡水廳治所在地竹塹（今新竹市）路程一百里，需要花費二日，中途要在後壠過一夜。從竹塹前往北路縱貫道的終點雞籠（今基隆），則有一百六十多里路，需要三日才能走完。其中第一天在中壢過夜，第二天在艋舺（今萬華）過夜。

　　一八一〇年代噶瑪蘭設治以後，官道從暖暖分岔往東，經由瑞芳、三貂嶺至宜蘭，這便是今人所稱的「淡蘭古道」。北上旅人的目的地若是基隆，則當日便能從萬華穿越八堵直抵基隆。但如果目的地是宜蘭的話，則必須在八堵拐彎向東，在暖暖過夜，第二天再出發前往宜蘭。

　　總之，淡水廳內的旅程是第一日從大甲宿站出發，在吞霄街打尖，日暮抵達後壠站住宿。第二日在中港街打尖，至竹塹城住宿；第三日在大湖口打尖，至中壢街住宿；第四日在桃仔園街打尖，至艋舺住宿；第五日在水返腳打尖，日暮抵達大雞籠。如果目的地是噶瑪蘭，則不必翻越獅球嶺，在暖暖住宿，此日再沿淡蘭官道前往後山。

祀奉關聖帝君的甘霖宮，俗稱「關帝廳」，曾是縱貫道上一個重要的尖站。十九世紀初在廟前規劃一個新興市鎮，取名「永靖」。不過，在二十世紀以前，一般人大多仍稱此地為「關帝廳」。

　　吁！從台灣頭的基隆走到台灣尾的枋寮，至少要花十三天！這還是最順利的旅程。如果季節不對、天色不對，甚或土匪的臉色不對，可能一個月都到不了呢！

尖宿站地圖

馬偕的「女王飯店」

旅館所提供的，僅止於躲避風雨的棲身之所。講得明白一點，旅館不過
提供牆壁和屋頂罷了！

　　縱貫道上的旅行，免不了住宿。日本時代初期，初抵台灣的日人，曾經對台
灣的旅館批評道：「台島無旅館。非無旅館，無足宿者也」，一語道破台灣旅館
的簡陋。

　　古裝電影、電視劇中，常常出現酒樓客棧的場景。旅客抵達一個市鎮，隨
便進入一家客棧，開口便要喝酒吃肉，吃飽便要住宿休息。這種豪華大客棧，只
有在中國最大的都城會出現。電影中的布景
和情節，絕大部分都是誇大或杜撰的。事實
上，即使在大城鎮中，吃飯的、住宿的，或
者喝酒娛樂的，都有不同的店頭。包吃包住
的客棧已經不多，豪華舒適的更加罕見。旅
客出門在外，通常都是因陋就簡，得過且
過。行李中往往準備乾糧和鋪蓋，旅館所提
供的，僅止於躲避風雨的棲身之所。講得明
白一點，旅館不過提供牆壁和屋頂罷了！

　　縱貫道上的旅館，主要集中在「宿站」
所在地。這些地方剛好都是最大的城鎮，例
如台北、新竹、彰化、嘉義、台南、鳳山等
等。設有公用的爐灶，讓投宿的旅客可以自
行煮炊的旅店，稱為「自爨店」。簡陋的旅

老飯店橋位於老飯店村，也就是清代大溪墘附
近，因縱貫道在此有飯店而得名。十九世紀初縱
貫道改走湖口、楊梅之後，飯店也就沒有生意了。

店則連爐灶都沒有，旅客得自己在戶外生火煮食。至於寢具，旅館頂多只有草席，很少提供被褥的。因此，旅客常常自己攜帶鋪蓋。旅館最大宗的顧客來源，便是往來於縱貫道上的苦力，因此旅館便常常兼作「苦力仲介」的生意。因此，旅館不僅是住宿的所在，也是僱用苦力的場所。

在中文的文獻資料中，我們很難找到關於旅館的描述。反倒是外文的文獻，不乏生動的刻畫。十九世紀末在台灣傳教的馬偕，常常往來於北台灣各地。在旅途中，免不了住宿。位於中壢的某家飯店，是他所住過最「舒適」的一間，因此馬偕暱稱它為「女王飯

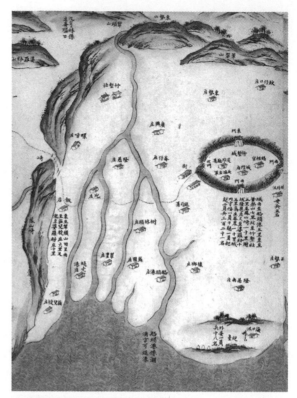

乾隆年間繪製的地圖，在鳳山崎山腳繪有飯店。一般而言，縱貫道沿途山坡路、難行路的端點，多半都有飯店，供旅人歇腳和吃食（不是住宿用的）。

店」。一八七二年三月，馬偕第一次在民間的客棧掛單，便是這一家。由於沒有投宿客棧的經驗，馬偕的這一夜過得非常漫長，幾乎無法入眠。除了雞鴨和豬在房間裡穿梭自如外，最大的困擾是難聞的鴉片煙味，以及苦力的喧囂。不過，這家飯店的好處是房間比較寬敞，後面有深井。飯店內有一間特別的房間，裡面有兩把竹椅和長板凳，還提供一張桌子可以寫字。飯店後面的院子裡，還有一口大土灶，旅客可以自己料理食物，下雨天的濕衣服也可以在這裡烘乾。

並不是每個地方都有像中壢那樣子的「女王飯店」。一九七二年十月二十四日，馬偕從新港教堂（在後龍附近）出發，準備回淡水寓所。當天雨下的很大，馬偕一行人沿途趕路，當晚抵達竹塹（今新竹市），住進了一家很糟糕的飯店。他在這天的日記上寫道：

　　來到一家客棧，裡面非常髒，房間裡陰暗、濕潤。外面是豬舍及臭水池，非常臭。

　　有很多人跟著我們進客棧，我們睡在木板上，用石頭代替枕頭。衣褲都淋得濕漉漉的沒得替換，渾身很不舒服。房間裡也沒有窗子，一片渾暗，屋內什麼也看不見，站也站不直，因為屋頂不及五呎高，後來有人拿來一盞燈，我們才看見有竹製的床。房子裡到處是蜘蛛、垃圾，以及轎夫丟棄的破草鞋。

　　隔壁又有火煙湧進來，屋裡臭且汙穢得很，幾乎令人嘔吐，此外又有出外旅行的人們及苦力們住在隔壁的房裡，他們在那兒互罵、嚷叫，喝酒又抽鴉片，不久整個屋裡都是鴉片味。他們罵叫，互罵不停，又賭博，直到深夜才停止。

　　一八七二年是馬偕初抵台灣的時候，後來馬偕的日記中，便很少記載住宿旅店的經驗了。原因很簡單，因為他的傳教事業逐漸開展，在許多地方都有信徒或

路邊攤販是縱貫道沿途常見的「補給站」，提供南來北往的苦力飲食之資，和今天省道沿途的西施檳榔站，有異曲同工之妙，都是「出外人」的好朋友。

朋友，因此再也不用投宿旅店了。事實上，這正是台灣的普遍情形。在縱貫道上的旅人，不脫幾種身分：官員、行商、仕紳和苦力，不同身分的人各有投宿的對象，真正得棲身旅店的，恐怕只有苦力了。馬偕筆下旅店的惡劣環境，不是沒有原因的。

官員出外洽公，住宿的地方叫「公館」，也就是今天所見的公家招待所。偶爾路過沒有公館的小村市，則投宿於當地最有錢的地主人家。除了住宿之外，主人還會招待一桌好酒席。當然，這種交結權貴的好機會，主人可是求之不得的。至於行商，平日遊走江湖，各個重要的據點都有合作的生意伙伴，自然不缺住宿的地方。其他會出現在縱貫道上的人物，當然不是一般的百姓，而是小有資產的仕紳。他們手頭有錢，人面又廣，都能找到舒適的掛單之處。

有一句話說盡了住宿過夜的解決之道：「在家靠父母，出外靠朋友」！因此，旅店的存在，僅是服務那些無依無靠的苦力。對於其他的旅人，旅店只是一時無親無友的救急辦法。至於一窮二白的升斗小民，本來就沒有出遠門的需要，當然也就沒有住宿的問題了。這也難怪馬偕投宿旅店時，所遇到的沒有達官顯貴，只有苦力走卒了。

女王飯店——北台灣的頂級享受

這家旅館面臨大街，係用土角蓋成的小平房。我們所住的房間，又狹又小，除卻房間裡的三個睡床外，已無立錐之餘地。房間裡自然也沒有燭台或桌椅，睡床係以木板釘成，床腳是用幾塊磚石搭成，床尚未裝彈簧，也沒有床單。床單係用草席來代替，每條草席都因幾年來苦力在此吸用鴉片而變得骯髒不堪。房間裡更沒有窗子或可讓新鮮空氣進入的開口。浸在燈碟裡花生油的草髓燈心，發出微微的光芒，照出晦暗陰濕的未鋪水泥的地面，以及汙穢發霉的牆壁。這裡到處有祖孫三代同堂的動物在匍匐著。令人發昏的鴉片煙味，在門旁轉滾於泥物裡的豬臭，以及發自整個房裡的令人厭惡的奇臭，這些對於尚未成為習慣的我的感覺，實在太強烈。

（馬偕，《台灣遙寄》）

台灣走透透

總兵官出巡

從台灣頭走到台灣尾，不是一件簡單的事。以北路而言，從台南府城走到
台北盆地，來回一趟至少要十八天。如果遇到下雨，光是花在路程就超過
二十天了，這還不包括閱兵及考劾的時間。

　　宋楚瑜在台灣省長任內，踏遍三百多個鄉鎮，因此號稱「台灣走透透」。宋
楚瑜到各地視察，當然不是用「走」的，而是乘坐專車，甚至動用直昇機從天而
降。真正能夠號稱台灣「走」透透的，恐怕不是現代的省長，而是清代的「台灣
道」與「台灣總兵」。

　　清代台灣階級最高的兩位官員，文官屬「台灣道」，武官算是「台灣總兵」，
他們好比現代的省長，必須到他的轄區各地視察。尤其總兵官，規定更是嚴格。

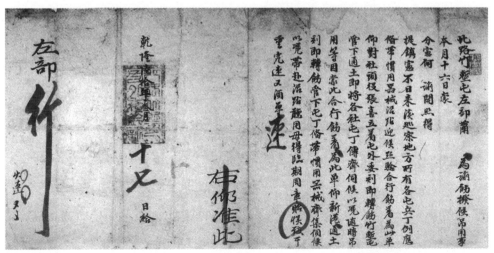

總兵官即將來巡，番丁如臨大敵，這份公文命令番丁「備帶慣用器械，齊集伺候，以憑帶赴沿路聽用」，
以免臨時措手不及。

由於武職體系的駐點比文職多，所以像台灣道頂多到縣治所在的大城市，例如嘉義、新竹等地視察；但台灣總兵卻連縣級以下駐兵的據點，都必須親臨。每年一次周遊各營區，不但可以強迫總兵官嫻熟台灣本地的山川扼塞，也能夠乘機考察軍隊的訓練情形。台灣島上的陸軍，幾乎有八成以上的兵力分布在縱貫道上，因此，總兵官的閱兵路線，去程便是走縱貫道。至於回程，主要的閱兵和考劾已經完成，便打另外一條次要道路回府。這條次要道路，北路是海線，順便巡察港口；南路則是山線，得以察看番社。

總兵官巡閱部隊的規矩，係沿襲中國內地的舊規，早在清初便已經定下。內地交通方便，總兵官到自己的轄區視察，不需大費周章。台灣則因為路況惡劣，而且治安不善，因此朝廷對於台灣島主官的例行巡察，極為重視。

早在康熙年間，北路尚未通暢的年代，即使是文職的台灣道陳璸、諸羅縣令周鍾瑄等人，都曾經排除萬難地從嘉南地區一路巡視到台北盆地來。北路軍的最高長官阮蔡文，親自從嘉義步行到淡水、雞籠，目睹中台灣、北台灣水土之惡劣，士兵罹患疫癘的慘狀，更是感嘆萬分！康熙末年台灣爆發朱一貴之亂，全台淪陷。亂事平定之後，清廷決定增設「巡台御史」，專門偵察台灣的毛病，藉以防患於未然。從此，在縱貫道上巡察的又多了一種官員。

從台灣頭走到台灣尾，不是一件簡單的事。以北路而言，從台南府城走到台北盆地，來回一趟至少要十八天。如果遇到下雨，光是花在路程就超過二十天了，這還不包括閱兵及考劾的時間。因此，大官出巡北路，動輒二十多天，其中八成的時間花在步行上。以台灣府城為中心，早期總兵官是一年南巡、一年北巡。南巡路程較短，但也要花費八、九天。後來逐漸演變成每年都得南巡、北巡一次。如此一來，總共就得耗去一個月的時間。巡視的季節，一般都選在冬季。這有許多原因。一方面冬天農作已經收割，沿途百姓有餘力伺候總兵和他龐大的隨扈；一方面總兵在過年前夕帶兵壓境，也有警告宵小的「冬防」效果。此外，冬天是枯水期，溪流見底，圳溝乾枯，總兵官的大隊人馬才能順利行進，不至於被大水「打敗」。冬天縱貫道的路況最好，在旅途上受阻的機率也較小。

大官下鄉巡察的原意，是要親民、親兵，綏撫番人，督察海口，探訪山川要塞的，結果八成的時間花在趕路，而且只能沿著縱貫道走，沒有真正「下鄉」。更糟糕的是：上級長官親臨督導，地方哪有怠慢之理？人同此心，古今皆

然！於是，大官風塵僕僕地走了一天的路，傍晚到一個城鎮，就是等著文武官吏招待酒席，並且呈上本年分的陋規銀兩。到這個地步，只能算盡了基本的禮數罷了；如果還要更上一層樓，讓自己的考績提升的話，當然還得付出額外的「孝心」了。

對這些大官來說，台灣走透透真辛苦。不要說路途勞頓，光是出門近一個月，回到辦公室時，公文堆積如山，就不知道要加幾天班才趕得完。駐紮在台灣府的總兵官還好，如果是總督、巡撫、提督的話，還要加上往返台灣海峽的時間。海上風濤難測，耽擱個十天半個月是常有的事。走一趟台灣，福州省城的政事都停頓了下來。

大官越是下鄉「親民」，百姓和基層官吏越不堪其擾。乾隆年間幾次弊案後，「巡台御史」一職終於撤銷。不過，後來又增加了一條新的規定。除了台灣總兵官之外，福建的總督、巡撫、提督等人，每年輪流必須有一人親赴台灣巡閱。這些官員的等級比總兵還要高，可以想見的是：招待的排場、貢獻的禮金又得更上一層樓了。當然，趨炎附勢之徒也有了更好的機會。

總兵官出巡，是縱貫道上的年度大事。提供總兵住宿、休息的「公館」，每到了秋末冬初，就得重新整理，張燈結綵一番。此外，公館內的床褥、桌椅，還有大隊人馬所需的糧秣，都得事先準備好。這些工作向來是平埔番社的「義務」，對番人的生活造成極大的干擾。至於大隊人馬的交通費，則歸地方政府支出。以淡水廳為例，大甲以北到基隆，來回總共十幾站，每年得花費成千上萬的銀兩。這些錢是不能報公帳的，必須由地方官自己籌措。大隊壓境之時，全境的苦力、轎夫都會被動員，一般行人幾乎僱不到轎子。總兵官一去一回，苦力和轎夫也累翻了。等到人馬遠離後，地方官記帳積欠的腳費，恐怕還要拖幾個月才能結清。那時，距離下次總兵官來巡視的日子，已經不遠了！

官員的招待所

公館

清代台灣的公館幾乎全部分布在縱貫道上，而且全部位於「尖站」和「宿站」的所在地。官員出差，必須遵守尖宿站的行程，才會有公家提供的公館可住。

　　台灣到處都有「公館」這種地名。「公館」的含意有很多種。有錢人的家叫公館，具有地方公共性質的場所也叫公館，地主為了收田租而設的辦公室也可以叫做公館。不過，在這節中要介紹的「公館」，專指提供官員出差住宿的地方，用今天的話來講，就叫做「招待所」或「公差宿舍」。

　　大凡官員出差在外，絕對不可能去投宿民間的客店，因為這些客店太過簡陋及汙穢。在外國人的旅行紀錄中，都對客店設備的簡陋和髒亂印象深刻。原則上官員並不會投宿到客店，而是以公館作為歇宿之處。如果沒有公館，則借宿在

阿兵哥居住的營房，往往也兼作出差官員或衙役的借宿之所。

當地的豪紳家中，不只寄宿，還順便聚餐應酬一番。縱貫線上的宿站，如果是廳縣治或巡檢、縣丞所在地，或者該地設有大營盤（軍營），公署旁就會有供往來官差歇宿的地方；至於其他沒有公署的宿站，就必須另蓋公館。中國內地的官道上，沿路設有驛站，而驛站通常也附有館舍，供應往來人馬餐飲住宿之用，每站配備遞夫、馬匹，傳送例行的文移往來，當有官憲或差役通過，還得代僱挑夫、轎馬。不過台灣並沒有建立這樣的驛站制度，必須另建公館。有了公館，則旅途住宿就不必打擾當地的居民。反之，如果沒有公館，那麼官役往來就會成為地方民眾的沉重負擔。清代台灣的公館幾乎全部分布在縱貫道上，而且全部位於「尖站」和「宿站」的所在地。官員出差，必須遵守尖宿站的行程，才會有公家提供的公館可住。

建蓋公館需要經費，平日的維修也很麻煩。在十七世紀後半，許多地方連縣政府的房舍都不完備，更不可能在縣城之外的地方蓋公館了。直到十八世紀初。台灣府以北的縱貫線上，也才只有茅港尾一處公館。文獻中如此記載：

> 由郡治北至雞籠無投宿之店，唯茅港尾、笨港新設二公館；行人借宿莊社，有露處者。文武衙門差遣往來，悉主於保長、通事、塘汛，入門則酒食相餉；開臺以來相沿為例，不必需索也。保長、通事之供億既煩，自不得不有所科斂。塘汛目兵餉纏糊口，於是有開賭放頭攫金以供使客者。

茅港尾是介於府城和諸羅縣城間的宿站。北路從府城出發，到基隆要費十天，只有第一天有公館可住。官員出差趕了一天的路，當夜幕低垂時，若是抵達漢人村莊的話，便找「保長」投宿；如果走到番社，便找「通事」幫忙。最好是當地有官兵駐守（塘汛），則睡營房更加舒適。依照慣例，官員上門投宿，主人是要招待酒食，並且提供寢具的。縱貫道上的村莊和番社，常常必須招待過路的官員和士兵，在在需要經費。因此，保長和通事就有藉口向轄區內的人收取陋規。至於兵營呢，因為不能向百姓需索，乾脆就地開設賭場，設局抽頭。上級的官員對於這些不法情事，也不敢嚴厲禁止。畢竟自己也被招待過，吃人的尚且嘴軟，加上還睡人家的，這腰桿就更挺不直了！

一七〇五年海防同知孫元衡，因公前往鹿港，沿路便住在番社。他有一句詩：「竹屋似禽籠，仰見初生魄」，便是描寫夜宿竹屋的情景。平埔番利用竹子

蓋房子，屋頂覆蓋簡陋的茅草。這種房子空間狹小，孫元衡把它說得像「禽籠」（鳥籠）一般。屋頂茅草零零落落，躺著還可仰望天上的月亮呢！

彰化以南的宿站，有一半剛好是縣城。縣城內必然有招待所可以住宿，不必另建公館。因此，彰化、嘉義、台灣、鳳山四縣，每個縣除去縣城，只要另外負責一、二個宿站就好了。最糟糕的是淡水廳。淡水廳從大甲開始，總共有五處宿站，其中只有一處位在縣城。十九世紀初宜蘭併入版圖後，官道從八堵向東延長，淡水廳境內又再增加兩處宿站。淡水廳本來就是一個窮廳，平日辦公費用拮据。所有公館事項便全部推給平埔番社。平埔番人除了招待過往官員用餐、住宿，甚至還要幫忙挑運行李和扛轎。無論有多少公差駕臨，都不能拒絕。特別是每年總兵官例行的巡視閱兵，更是發動大批人馬，戰戰兢兢，唯恐招待不周。淡水廳的公文檔案至今仍保存在台灣大學圖書館，其中便有幾大卷宗，裡頭就是每年發給這些番社的公文草稿。內容千篇一律，告知本次大官預定抵達的日期，提醒番社趕緊清掃公館，隨時聽從召喚。哪些番社會接到這些公文呢？不要懷疑，就是那些位居縱貫道上的番社！誰叫公館都在縱貫道上呢？

孫元衡所借宿的房子，大概就是如此，難怪他覺得自己像是睡在鳥籠裡！

欲從此處去，留下買路財

縱貫道上多「草莽」，除了牽絆行腳的雜草之外，
還有攔路打劫的草莽英雄！

　　縱貫道上多「草莽」，除了牽絆行腳的雜草之外，還有攔路打劫的草莽英雄！

　　台灣地處中國的邊陲，向來以治安不善著稱。俗稱「三年一小反、五年一大亂」，便是治安敗壞的寫照。治安不良的原因，未必如清代官員所認為的，是因為「民性剽悍」所致；但至少和清帝國統治力的薄弱，脫不了干係。

　　清政府統治力的中心，首為都城，次及鄉莊。遠離村落，僻處草莽之間的道路，更是政府鞭長莫及之處。都城之內，猶有盜匪光天化日行搶；遠離縣城的鄉莊，當然更不免土匪洗劫。連防禦力較強的聚落，都不能防止盜匪的侵害，道路上的危險，就更加可想而知了。即使是交通頻繁的縱貫道，一樣不能倖免。

　　清帝國對台灣統治的滲透，在十九世紀後半越來越深入，特別是一八八〇年代以後。不過，直到一八九五年台灣被清帝國割讓給日本的前夕，治安敗壞的情況仍然沒有太大的改善。根據一八九〇年代官員的親身經歷，台灣人依舊「蠻悍、狠勇、好鬥」，稍有仇隙，便勢不兩立。因此，軍械洋槍等武器，「處鄉則無家不有，行路則無人不帶」。現代人對於計程車司機隨車準備棒球棍，便覺暴戾過甚；自然難以想像連軍械洋槍這種「重傢伙」，竟然算是「無人不帶」的必需品了！

　　十九世紀初來台當官的陳盛韶，將他在福建各地遊宦見聞，撰成《問俗錄》一書。關於台灣治安的惡劣，這本書也有記載，其中被點名到的土匪窟有：

　　　　五廳四縣，鳳山、嘉義、彰化之賊尤多。三縣之賊，無地不有。而
　　鳳山之黃梨山、番市寮、水底邦寮，嘉義之店仔口、蔍麻庄、虎尾溪、

三塊厝、蕉吧年，彰化之西螺、北投、大里溪、牛罵頭，尤為盜藪。

鳳山、嘉義、彰化三個縣加起來，幾乎就是大甲溪以南中台灣、南台灣全境了。唯一例外的台灣縣，轄區極小，集中在府城四周。府城是官府的統治中心，重兵雲集，匪類當然不敢太囂張。府城方圓五十里外的嘉義、彰化、鳳山三縣，賊匪竟然嚴重到「無地不有」，尤其以黃梨山等十二個地點，最為囂張。其中鳳山縣境內的番市寮（今高雄旗山，「羅漢門」地區的門戶）、嘉義縣的蕉吧年（今台南玉井）和彰化縣的北投（今南投草屯鎮內）、大里溪（今台中大里）等處，在十九世紀還算是邊陲地帶，為官府鞭長莫及之處。匪類聚哮於此，不難理解。然而，其他七、八處匪巢，竟然都座落於縱貫道上的交通要衝，這又作如何解釋呢？

縱貫道上土匪多，原因很簡單。大凡土匪危害，一種打家劫舍，一種攔路行搶。打家劫舍之匪，組織龐大，一次出動，多者百餘人，少亦不下二、三十。他們攻擊的目標是村落，必須擁有強大的攻擊力，才能突破村落和民宅的防禦設施。除了搜刮財物之外，往往還擄人勒贖。這些匪類組織完整，擁有規模不小的根據地；歷史上許多亂事，都是這類土匪坐大所惹出來的。像一七一〇年代朱一貴之亂、一七八〇年代的林爽文之亂，都是從惡名昭彰的「盜藪」——阿猴林、羅漢門、蕉吧年、大里溪等處竄出。

清代台灣土匪很多，械鬥頻傳。為了防範外來者的入侵，比較大的民家都會在屋外環植莿竹，僅留一個大門出入。這些莿竹在二十世紀上半大部分被砍倒，原因是為了配合政府公共衛生的政策。今天要看到一圈完整的莿竹圍籬，已經很難得了！

這是每年歲末的例行公文，命令番丁前往「大甲溪底」和「舊社枋寮」兩處惡名昭彰的土匪窟駐守，以免土匪在此聚集攔搶。「大甲溪底」即縱貫道大甲溪渡口處，今天縱貫省道和海線鐵路在此過橋；「舊社枋寮」則是另一條次要道路的渡口，今天中山高速公路、中豐公路和山線鐵路也從這一帶過河。數百年來旅人渡過大甲溪的地點沒有改變，只是溪底土匪早已絕跡！

　　另外一種匪徒，專找行人下手，攔路行搶。旅人出門在外，身單力薄，因此幾個混混聚在一起，便能得逞。所謂「靠山吃山、靠海吃海」，這種專收買路財的匪徒，自然是躲在最容易下手的地方。如果躲在一般的鄉野道路上，是絕對遇不到什麼「肥羊」的；要想撈到油水，非得從縱貫道下手。只有縱貫道上才會有長途旅行的商人、行旅，甚至官員。而這些人身上才會有細軟，綁架勒贖也才能索得高價。這個道理，就和高速公路交流道下有很多檳榔攤一樣，符合「經濟地理學」的基本原理！

　　縱貫道上也不是到處有土匪窟的。大凡白道勢力的邊陲，便是黑道滋長的溫床。在清代，官府的統治力以縣城為中心，所有的公務員和軍隊都集中在城內。出了縣城之外，距離越遠官府勢力越弱，直到兩個縣交界之處，便是黑道的快樂天堂。縣與縣的交界處，距離最近的縣城，至少一天路程。盜匪藏身此處，這個縣府捕拿，就往那個縣境逃竄。要會同鄰縣通緝，除非有上級長官出面協調，否則是不會有官員自找麻煩的。

　　其次，台灣所有的縣都以大河分界。從南往北，鳳山縣與台灣縣以二仁溪分界，台灣縣與嘉義縣以曾文溪、嘉義與彰化以濁水溪、彰化淡水以大甲溪分界。以上各溪除了二仁溪以外，脾氣都很暴躁！遇到豪雨或颱風，往往改道，沖毀溪旁的村落。因此，溪邊常有荒地，既不能種作，也沒有村落。於是，縱貫道渡口附近的荒地，便成為土匪落腳的好地方了。以虎尾溪為例，溪南的菎麻庄、三塊

厝、虎尾溪，加上溪北的西螺，四個村莊環伺縱貫道旁，全都是赫赫有名的土匪
巢穴。十八世紀中葉虎尾溪底的土匪窟，就已經被官員點名。十九世紀初陳盛韶
的文章中還指證歷歷，直到十九世紀末日本人蓋新的縱貫道時，溪底仍有土匪藏
匿。今天雲林斗六、西螺一帶的老人，許多兒時都還聽過「溪底」土匪豐功偉業
的傳說呢！

從斗六北方的省道支線橋（台一丁線榮橋）頭俯瞰虎尾溪底，這裡曾經是著名的土匪窟，靠著搶劫縱貫道上的行旅過活。

縱貫道站名及里程表

附錄

南路（府城到枋寮）

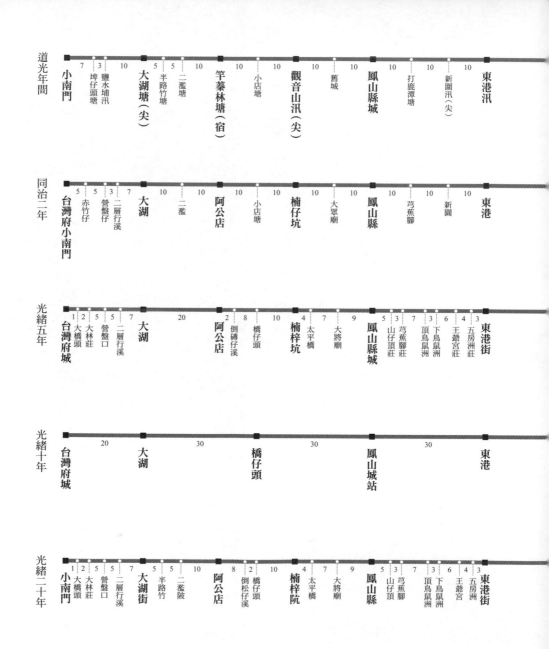

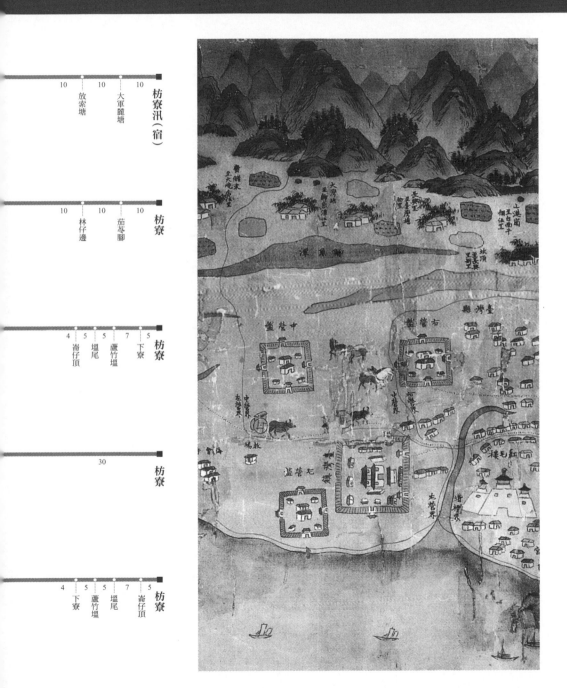

枋寮汛（宿）

10　　10　　10
放索塘　大軍麓塘

枋寮

10　　10　　10
林仔邊　茄苳腳

枋寮

4　5　5　7　5
崙仔頂　塭尾　蘆竹塭　下寮

枋寮

30

枋寮

4　5　5　7
下寮　蘆竹塭　塭尾　崙仔頂

北路（府城到大甲以北）

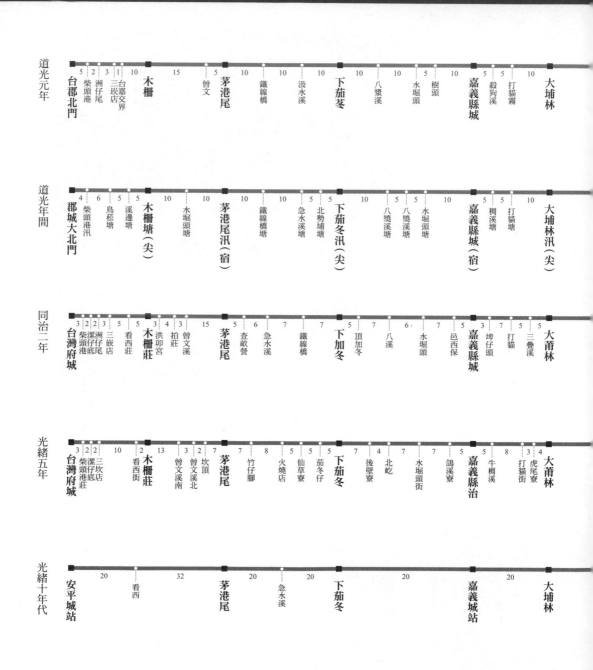

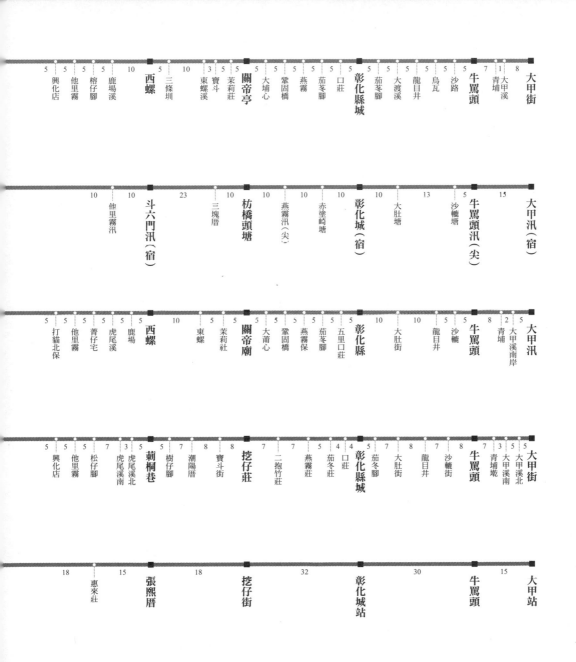

北路（府城到大甲以北）

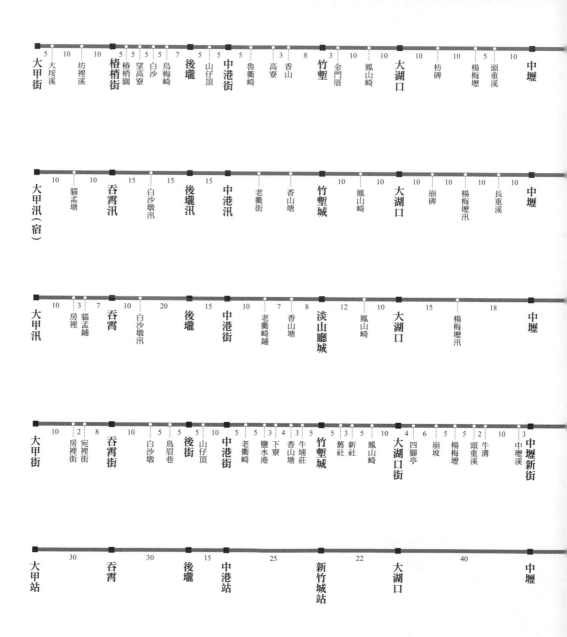

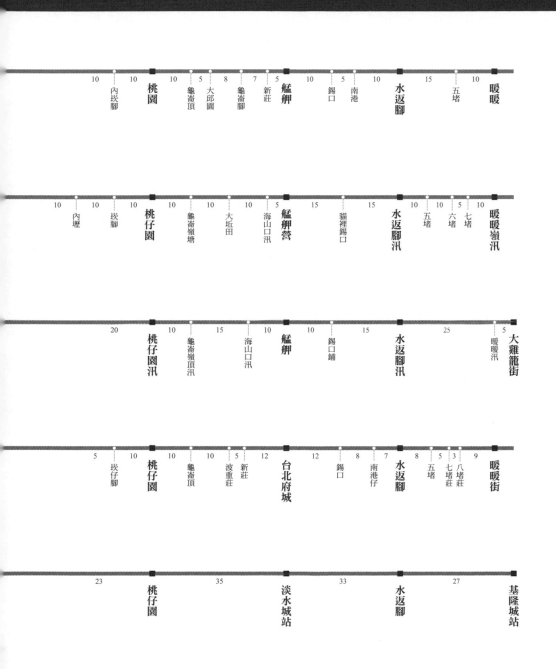

省道台一線的故事
The First Route of Taiwan

作　　者—黃智偉
設　　計—賴盈成
責任編輯—劉文駿
行銷企劃—郭其彬、夏瑩芳、王綬晨、邱紹溢、呂依緻
副總編輯—張海靜
總 編 輯—王思迅
發 行 人—蘇拾平

出　　版—如果出版社
大雁文化事業股份有限公司
地址　台北市松山區復興北路 333 號 11 樓之 4
電話（02）2311-3678
傳真（02）2375-5637
部落格　http://blog.roodo.com/asif

發　　行—大雁出版基地
地址　台北市松山區復興北路 333 號 11 樓之 4
24 小時傳真服務（02）2375-5637
讀者服務信箱 E-mail andbooks@andbooks.com.tw
劃撥帳號 19983379
戶名 大雁文化事業股份有限公司

印　　刷—成陽印刷股份有限公司
出版日期— 2011 年 8 月 初版
定　　價— 360 元
ISBN 978-986-6702-15-0

國家圖書館出版品預行編目資料

省道臺一線的故事 / 黃智偉著 . – 初版 . –
臺北市：如果 , 大雁文化出版：大雁出版基地發行 , 2011.08
ISBN 978-986-6702-15-0（平裝）
面；公分
1. 交通史　2. 臺灣
557.1933　　　　97012172